U0127169

岩波日本史

第一卷

日本社会的诞生

[日]吉村武彦

著

刘小珊　陈访泽

译

新 星 出 版 社　NEW STAR PRESS

中文版总序

岩波青年新书版《日本的历史》全九卷的中译本将在中国以"岩波日本史"为名出版。在日本，很多出版社均以系列丛书的形式出版日本史。仅在岩波书店，除青年新书外，还以岩波新书系列刊发了《日本古代史》六卷、《日本中世史》四卷、《日本近世史》五卷、《日本近现代史》十卷。此外，岩波讲座迄今也推出了三个有关日本史的系列。通史类的日本史系列在其他出版社，如讲谈社、小学馆、吉川弘文馆、角川书店、中央公论新社等，也是长销的主打书目。它们有的图片丰富，有的插有漫画，特点各异，读者群也不同。尤其是"青年新书"的主要读者对象被定为"青年"，即高中生和大学本科生，所以具有论述晓畅、插图丰富、每卷篇幅较短等特点，每一卷都是重印十次以上、超过三万册的长销书。

本套"岩波日本史"丛书虽然属于轻薄型的历史通俗读物，但是九卷的字数加起来可达百余万，如此分量的日本"通史"在中国恐怕是第一次被全译出来吧。在"新书"大国日本，仅仅"新书"系列的新书每年就达两百种，而号称面向高中生的"新书"惟有"青年新书"一种。在日本一些重点中学的图书馆里，"青年新书"一直被如数摆上书架，受人喜爱。把日本国民应该具备的、准确而广泛的日本通史知识，以翻译的形式原汁原味提供给中国的读者，可以提高中日之间知识交流的质量，加深相互理解，在中国的出版史上也是划时代的事件。去年恰逢岩波青年新书创刊四十周年，该新书刊发种类现已经达到九百种，其中九十四种已经实现电子化。

"岩波日本史"丛书将日本列岛上出现人类到现代时期的历史划分成九个时期，下面具体描述一下各卷的大致内容。

1. 吉村武彦《日本社会的诞生》。"日本人"的祖先究竟是何时、自何处来到这个列岛的？稻作的起源来自何处？关于邪马台国的最新学说是什么？本卷是一本基于现代考古学最前沿成果而推出的最新版"日本"前史。

2. 吉田孝《飞鸟·奈良时代》。推古天皇第一次派出小野妹子等作为遣隋使的六〇〇年之后，日本拼命努力汲取大陆的先进文明，直至镰仓幕府成立，建立了持续约五百年的律令制国家框架。本卷的论述涵盖了从佛教的传播、《大宝律令》的制定、东大寺大佛开眼到平安京迁都的动乱两百年历史。

3. **保立道久《平安时代》**。从七九四年桓武天皇迁都平安京，到一一九二年源赖朝在镰仓开设幕府的约四百年间，王公贵族们在地方上以确立庄园制度为基础，尽情享受着"春日莺歌秋红叶"的风雅荣华，他们的日常生活到底如何？本卷主要聚焦这段历史时期。

4. **五味文彦《武士时代》**。在京城的大街小巷都可以听到《平家物语》的中世镰仓时代，一面是新兴武士势力在全国各地群雄割据，另一面是充满新的创造力的佛教得到民众的广泛支持。本卷描绘了从源平之争到镰仓幕府成立、蒙古袭来，直到能乐在室町时代的将军府华丽起舞的"应仁之乱"前夜的历史。

5. **今谷明《战国时期》**。群雄割据、全国争霸的战国时期，也是工商业大力发展，寺庙街和商埠繁荣，品茶会、诗歌会、插花等游艺风靡一时的自由奔放的时代。本卷描绘了从"应仁之乱"到丰臣秀吉一统天下、生活奔放的中世世界。

6. **深谷克己《江户时代》**。德川家康建立幕藩体制后的两百六十年间，被誉为"大江户八百八町"的江户城，其繁荣景象超过巴黎和伦敦，全国各地名君辈出，实现了世界少有的长期和平与稳定。如此的"太平盛世"缘何成为可能？在解开其秘密的同时，本卷将追踪德川十五代将军治世的魅力。

7. **田中彰《明治维新》**。在经过佩里来航浦贺、开国、倒幕、西南战争、自由民权，急剧走向建立现代立宪制国家、激烈动荡的幕末维新运动中，以萨摩藩和长州藩为首的幕府末期的志士们成为引领这个风云突变时代的核心人物。本卷论述他们心中究竟有怎样的"新日本国"蓝图，思考大变革的历史意义。

8. **由井正臣《帝国时期》**。沉醉于甲午战争、日俄战争胜利中的现代日本，此后快速强化军国主义，将朝鲜和伪满洲变成殖民地，悍然发动了前后长达十五年的残酷战争，不仅给日本人民，也给亚洲各国人民造成了深重的心理创伤。这场战争究竟为何会发生？本卷思考"大日本帝国"给今天的我们留下的教训。

9. **鹿野政直《日本的现代》**。第二次世界大战战败后的六十余年中，日本人在亚洲、在世界究竟是怎样前进发展的？本卷从经济高速增长、安保斗争、冲绳、"富裕度"、管控社会、高考竞争、女性、人权等各个方面找出这个时代的特点，从根本上寻求"战后"乃至日本的"近现代"本身的意义。

以上九卷均为新撰写的单本书，所以每卷内容的侧重点各不相同。通览到前近代的前六卷，有两个特点：第一，没有采用以权力中枢为中心的权力斗争史观，或者以政治领袖为中心的英雄史观，而是留意地方上的活动，以及中央和地方的关系，尤其关注北海道（虾夷）和冲绳（琉球）的动向。第二，重视东亚地区，特别是中国和朝鲜半岛对日本的政治、经济、文化的影响。

在掌握这些特点的基础上再看第七卷，你就能想到从通史视角看明治维新的意义了，即日本力图通过不流血革命来建立现代统一国家，跳出以中国为中心的东亚文明圈并进入西方文明圈这一历史的划时代性。再到第八卷，你会注意到日本的这种现代化很快就向曾经的文明圈中心露出了侵略的利齿，其历史冲击力非常之大。然后请中国读者结合第九卷最后一章叙述的日本今后的去向，思考经过第八卷卷末叙述的战后改造，每一个日本人如今在职场、在家庭、在地区社会，是怎样一种生活状态。

岩波青年新书版《日本的历史》出版于二〇〇〇年代初，其一贯的执笔方针引领了当前的全球史学潮流。虽然本套书是日本史，但是并不局限于一国历史的视角，而是采用在世界史中看日本，或者在日本史中引入世界视野的思路。日本教育界从二〇二二年开始，在历史科目中将不再采用原来的世界史和日本史的双轨路线，而是合并成"历史综合"科目。本系列丛书作为"历史综合"的辅助读本今后也会继续发行。

另外作为青年新书日本史相关书籍，顺便提一下最近发行的话题作品，有斋藤成也《日本列岛人的历史》（2015年）、东野治之《圣德太子》（2017年）、田中优子《全球化中的江户》（2012年）、松泽裕作《生存艰难的明治社会》（2018年）、后藤谦次《讲给十多岁人听的平成史》（2018年）等。

马场公彦

（陈访泽 译）

二〇二〇年三月于横滨。期待新冠肺炎结束

目录

序　言

日本社会的原始景象　　不知各位读者小时候对日本列岛的形状有没有一种特别的印象？用学术语言描述，这是一个弓形的弧状列岛，但却没有如意大利半岛的"靴子"那样的爱称。这是一个被大海包围的狭窄岛国。据说在约一千几百万年前，列岛从中国大陆分离出来，不再是中国大陆的一部分。

今天的日本由北海道至冲绳县大大小小的岛屿构成，南北细长的日本列岛和西南诸岛（以下用"日本列岛"代表）由东向西倾斜。在距今一万年前的冰川时期，北方的北海道、库页岛与中国大陆，南方的九州与朝鲜半岛，曾经通过陆桥连接。本书所涉及的年代，除去通过陆桥连接的旧石器时代，其余已是跟中国大陆隔海相望了。大海不存在像陆地上的山脉那样的障碍物，一方面容易利用船连接彼此，另一方面也容易被洋流和断崖所阻绝。

处于这样一个地理位置的日本列岛，其社会是如何走

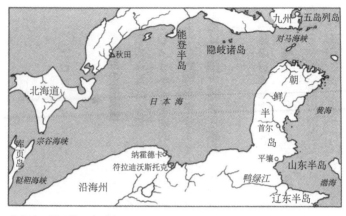

从大陆一侧反望日本列岛

向文明的呢？当然，由日本列岛独自孕育的文化也不少，但是在列岛的文明进程中，与中国大陆以及朝鲜半岛的人口和物资的交流起到了决定性的作用。作为工具的铁器、青铜器制品及其原材料的进口，陶器的引进和冶铁等手工业产品的技术革新，直至包括佛教、道教和儒教等宗教和政治思想在内的文化输入，来自大陆和半岛的直接影响简直不可估量。首先可以举出的例子，就是汉字和假名起源于中国的文字。物资、思想和文化是随着人口进来的，人口的流动和交流具有重要的意义。列岛社会走向文明的过程中，外来人口的活动发挥了绝对作用。

稍微换个话题，我们的饮食结构近年来发生了很大变化。战后经济的高速增长带来了国民生活和思想观念的变化，一九九三年稻米产量严重减少之后，面包和面条类食品在主食中所占比重有所增加，稻米所占比重显著降低。但是尽管米饭的食用量减少了，总体上日本人的饮食结构仍然以稻米为主。这种饮食结构的根本就是源自朝鲜半岛的、已经普及的水稻农耕。

稻米的这个问题并不限于饮食结构。守护百姓的森林减少的背景下，在乡村举办的春祭和秋收节上，水稻种植还和祭祀有着深远的关系。但是如果仅仅关注到稻作收获之首穗的敬献供奉，那你就错了，因为在进献给神社的供品中，还包含许多河海的物产（海味）和山林的物产（山珍）。这不仅与水稻农耕，还与绳文时期以后的山珍海味的敬奉有极大的关系。

从国家政治赋予口分田的班田收授制度的重要意义可见，当时的人们已经将谋生的基础置于水稻农耕上了。正确把握日本前近代社会水稻农耕文化的意义很重要。同时，对山珍海味等食材和资源的作用做出正确的评价也很重要。这是因为，虽然在今天的大城市里已经看不到，但是山林与河海的风景，以及其中诸活动所造就的人的心灵状态，越是追溯历史就越具有重要的意义。

大和王权与日本　　绳文时期持续了一万多年，基本上被认为是既没有阶级也没有阶层的社会；也有研究者从坟墓式样的差别上，认定这是一个具有某种阶层的社会。然而，仅仅过了数百年，到了以水稻农耕为基础的社会，就产生了政治权力和权力机构。被中国称为"倭人"的集团形成了奴国等国家，不久就产生了"邪马台国"。

本书认为，邪马台国灭亡后就诞生了大和王权。大和王权的第一代君王可以推定为"崇神天皇"，他被称为"始驭天下之天皇"，意思是首次统治该国，时间应该就是四世纪上半叶。"日本"国就诞生于该大和王权。

在《古事记》和《日本书纪》中都有开国的神话，这些神话中记载了伊邪那歧和伊邪那美二神创造"大八洲国"的传说。所谓"大八洲国"就是日本列岛的本州、四国、九州以及长崎的壹岐、对马等岛屿，但是并不包括北海道和西南诸岛，因为古代日本的统治对象中不包括（虾夷族居住的）北海道和（南岛人生活的）南岛。就是说，当时的"日本"和我们现在的日本国并不相同。

那么"日本"的国号是何时诞生的呢？对此学术界尚无定论。国号产生的时间不清楚，也许是一件奇怪的事情。但大家很一致地认为可能是七世纪后叶至八世纪初。我认为可能是从七〇一年（大宝元年）制定的大宝令开始，而且七〇二年派出的遣唐使第一次使用了"日本国使"的称呼，对新罗也用了"日本"的名称（参见东野治之《遣唐使与正仓院》等）。

这样，八世纪初便产生了国号"日本"。严格说，日本国建立之前既没有"日本"也没有"日本人"。但是在《隋书·倭国传》中，已经出现了称呼"日本"的意识或想法，在遣隋使携带的国书中倭国王使用了"日出处天子"的称呼。这一"日出处"的说法产生了"日本"的国号。因此七世纪，"日本"的内涵逐渐形成，但是该"日本"与现在的日本是不同的。考古学的时代划分与构成今日之日本的三种地域文化的关系，如表1所示。

古代的研究方法及本书的构成

本书将讨论旧石器时代到六世纪的日本列岛社会的历史，这个时期的文字史料非常有限，因此，如果仅仅依靠以文字史料为主要研究对象的文献史学，是无法对该时期进行研究的。既然要利用考古学资料，就有必要借鉴考古学研究的成果。日本的考古学属于广义的历史学研究领域，曾有一段时期很不幸地被认为是历史学的"辅助学问"。但是，要研究古代社会，仅靠文献史学是不可能的，还必须综合考古学和历史地理学甚至日本文学等学科方法。

然而，文献史学和考古学在研究对象和方法论上各不

表1　三种日本文化

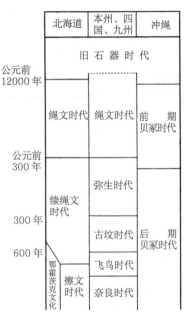

	北海道	本州、四国、九州	冲绳
	旧石器时代		
公元前12000年	绳文时代	绳文时代	前期贝冢时代
公元前300年	续绳文时代	弥生时代	后期贝冢时代
300年		古坟时代	
600年	鄂霍茨克文化 / 擦文时代	飞鸟时代	
		奈良时代	

相同。考古学以发掘出来的遗物和遗址为研究对象。发掘调查并不是说要把当时的建筑物、生产地、生活用具等全部发掘出来；而且虽然学术性的发掘逐渐增多，但是随着开发而进行的大多数紧急发掘，即使在被认定为历史遗迹的地区，遗址和遗物也都是偶然发现，而其研究的集大成者，才形成为考古学。由于一件遗物的最新出土而完全改变之前的学说，并不足为怪。本书努力吸收了现代最前沿的考古学成果，但是今后因考古发掘而对出土文物的历史性评价发生改变，完全有可能发生。这一点请务必牢记。

本书的目的是为了探明日本社会的基层。所谓"基层"，具体来说就是以水稻农耕为生产基础的农耕社会的形成。为了正确把握农耕社会的意义，首先需要厘清此前列岛的社会状态。本书第一章从"列岛最初的居民"开始，就是出于这个目的。第二章讲了水稻农耕社会的形成。在这一章的叙述中，除了邪马台国部分以外，很大程度吸收了地质学和考古学的研究成果。第三章是大和王权的历史。这一章不是像考古学那样从前方后圆坟的形成来考察，而是从被称为"始驭天下之天皇"的崇神天皇来论述。这一时代岛内的史料极其匮乏，论述大多要依据同时代的外国史料。第四章是六世纪的历史，主要依据《日本书纪》和《古事记》，但是这两本书并非是论述史实的。因为需要对史料做出研判，所以文章可能会略显烦琐，但都属于文献史学的方法，务请包涵。

序言到此结束，让我们马上打开历史的大门吧！

第一章 列岛最初的居民

火焰形土器（新潟县十日町市笹山遗迹出土，十日
町市博物馆藏，高46.5cm）

1. 日本列岛的形状

日本列岛和"日本半岛"　我们现在居住在一个北起北海道、南至八重山诸岛的岛弧链上，日本列岛和西南诸岛是其主体部分。日本列岛成为现在这样的岛屿形状，据说在距今约一万年前气候变暖以后，一千多万年前它还是中国大陆的一部分（平朝彦《日本列岛的诞生》），数万年前还是大陆北方延伸出来的半岛，即"日本半岛"。下面我们来追溯一下从地球诞生到日本列岛的形成过程。

以四十六亿年前诞生的地球的地壳、地层、岩石等为研究对象的地质学，将我们现在生活的时代命名为第四纪。大约一百八十万年前开始的第四纪，分为冰川期的更新世（旧称洪积世）和后冰川期的完新世（旧称冲积世）。

表2　地质年代与考古学时期划分

地质年代	社会文化		年代
第四纪 完新世	古坟	后期	500
		中期	400
		前期	300
	弥生	后期	公元
		中期	公元前200
		前期	300
	绳文	晚期	1000
		后期	2000
		中期	3000
		前期	4000
		早期	7000
		草创期	8000
			10000
第四纪 更新世	旧石器	后期	28000
		中期	130000
		前期	

第四纪也是人类从猿人向古人、新人进化发展的年代，因此也被称为人类纪。不过与今天的人类有直接关联的新人（现代智人），最早也是在数万年之后才出现，而且详细的经过尚未探明，因为可以作为确凿证据的人骨尚未发现，还有很多未解之谜，有待于今后的研究。

更新世是冰川大规模产生的时代，但并非陆地的大部分都被冰川覆盖，据说被覆盖的部分大约占三分之一；而且在寒冷期（冰期）期间，会有比较暖和的温暖期（间冰期）出现。

在大陆，根据寒冷期冰川的侵蚀原理，可以计算出冰期的次数。在欧洲的阿尔卑斯山观测到的有名冰期有群智亚冰期、民德亚冰期、里斯亚冰期和武木亚冰期等。已经确定的冰期，欧洲有六次，北美洲有四次。采用这样的研究方法可知，不同地区的冰期次数都不相同。

为此，近年来有人采用其他的方法，比如通过测定覆盖南极大陆和北极圈格陵兰岛堆积雪（雪冰化后形成的冰床）的柱状芯样本来调查第四纪的气候与环境。冰最初以雪的形态积累时的温度，可作为氢氧同位体的质量变化记录在它本身，利用这一性质可以推测当时地球的气候与环境。而且，以太平洋和大西洋深海底的堆积物，与以鸟取县东乡池的堆积物为测试材料分析气温，得到了基本相同的结果。

通过海平面和气温变化的研究可知，地球大约每十万年经历一次冰川期，而且在大约一万年前就已经进入了温暖稳定的后冰川期。如果地球变冷冰川扩大，海平面就会下降。反之，到了温暖的间冰期，海平面就会上升。气候的这种变化给陆地上的植被和动物生态也带来了很大的影响。

**绳文海侵及与大陆
的往来**

从距今约一万五千年前开始，地球逐渐转暖。最终冰期的结束，大约是一万年前。然而在这个最终冰期，仍然出现了两次极寒时期。这期间即最后的寒冷期，日本列岛与中国大陆还是连接的。不过只是北海道与大陆连接，与朝鲜半岛已经不再连接。此时的日本海还是一个内海。

进入温暖的间冰期之后，冰川开始融化，出现了海侵现象。在大约六千年前，海水侵入到陆地的内部。据说海平面比最终冰期的顶峰期上升了一百米左右。

这样的过程之后，形成了今天狭长的日本。人们将此间冰期的海平面上升称为绳文海侵。之所以如此命名，是后冰川期与大约一万两千年前开启的绳文时期非常接近的缘故。但是最近[①]出土了更早时期的土器，所以对于间冰期的开始时间与新石器时代（日本为绳文时代）之间的关系又产生了新的疑问。

由于气候变暖造成海侵的缘故，日本列岛与周围的海洋形态逐步确定，濑户内海也呈现出清楚的面貌。另

① 本书首次出版时间为 1999 年 9 月，此处 "最近" 指该时间段。——译者注

最终冰期日本列岛的主要动物。约两万年前，在北方，北海道和库页岛与大陆连接，津轻海峡（布拉基斯顿线）不连接。在南方，大陆接近九州附近，黄河及长江都有流入（据小野有五、五十岚八枝子《北海道的自然史》，1991年）

外，平原和丘陵等陆地地貌出现，日本东北的山毛榉、枹木等寒温带落叶阔叶林和日本西南的栎树、栲树等温热带常绿阔叶林形成，构成了至今仍可以见到的森林景观。

这期间，日本列岛与今天的中国大陆之间的海陆关系是如何变化的呢？大约五十万年前，冰川期的日本列岛除北方外，还以朝鲜半岛为陆桥与中国大陆连接。而且我们知道，它们在里斯亚冰期（大约十三至二十多万年前）也是连接的。其证据就是，在日本列岛发现了北方系的猛犸象和驼鹿、南方系的纳玛象和大角鹿的化石。而这些在地上行走的动物也生存于大陆，这说明二者的陆地曾经是连接的。人类的居住地之所以离海洋很近，可能是从生活环境的角度来看，海边比大陆腹地更适合居住的缘故。

中国目前已经确定的最早的人骨化石，据说是可以追溯到八十万年前的陕西蓝田猿人。毫无疑问，这一时期中国大陆有猿人生存，该猿人比北京猿人要早几十万年。因为当时还是陆地连接时期，所以这些猿人移居到今天的日本区域的可能性很大。那么日本列岛真的有猿人到过吗？要解答这个问题，就必须了解石器的出土情况。

2. 最早的居民——日本的旧石器时代

开启"旧石器时代" 二战前，人们一直认为日本列岛不存在旧石器时代。而今天已经无人怀疑旧石器时代的存在，这归功于一名热血的考古青年孜孜不倦的热心探索。这是日本考古学史上的重要发现，因此在这里需要描述一下整个事件的来龙去脉。

考古学的发展除了专家的研究之外，还有普通市民的热心参与。当时年仅二十岁的相泽忠洋就是一名一边从事贸易工作，一边对考古学抱有极大兴趣的青年。一九四六年（昭和二十一年）的秋天，他经过群马县笠悬村泽田（后来的岩宿遗迹）的开山路时，注意到悬崖断面的关东垆坶质土层中裸露在外的碎片，便收集了起来。此后他也不断采集到碎片，但是并未在附近的垆坶质土层中发现土器。

按照当时的考古发掘，挖到关东垆坶质土层，发掘工作就结束了。红土壤的关东垆坶质土层是由完新世初期堆积起来的富士山和箱根山等的火山灰构成，分为一至三万年前的立川层、三至六万年前的武藏野层、下末吉层、多摩层，共计四层。因此按照当时的常识，在关东垆坶质土层下面出土石器是不可能的。

一九四九年，为了解开这个谜团，在垆坶质土层中发现碎片的相泽忠洋找到考古学家芹泽长介和杉原庄介，向他们展示了这些碎片。以此为契机，同年九月，明治大学考古学专业的有关人员进行了正式的发掘调查，再次挖出了确定无疑的石器。这样，一个年轻人的执着探索之心以及正式学术调查的参与，翻开了日本列岛旧石器时代研究的第一个篇章。这个过程被详细记录在相泽的著述《"岩宿"的发现》中。

岩宿遗迹发掘之后，相泽和明治大学的调查在群马县境内继续进行，接连发现了旧石器时代的石器。另外，东京都和长野县也出土了石器，很快从全国各地开始不断传来发现"旧石器"（旧石器时代的石器）的新闻报道。

在群马县，由于赤城山、榛名山、浅间山等火山的多次喷发，火山灰和浮石堆积而成的火山碎屑地形很多见。经过地质学家的努力，调查和研究这种称为火山碎屑地形的火山编年学取得了很大进展。根据遗物出土的地层，考古学可以区分出土物的新旧（称为层位学研究），进而可以探明垆坶质土层和火山灰的年代，"旧石器"的年代测定也取得了进展。其中也包括鹿儿岛始良火山的喷发（大约两万一千至两万两千年前）堆积起来的广域火山灰，全国性的比较研究也成为可能。如今，已在全国查明的一至三万年前旧石器时代后期的遗迹有数千处。

野尻湖调查和旧石器时代研究　这样，日本列岛的旧石器时代开启了，此后的旧石器时代研究经历了曲折的试错过程。这一情况说明了考古学遗迹调查的艰难，下面以长野县野尻湖的发掘调查为例进行说明。

从一九六二年开始的野尻湖调查，是包括当地信浓町居民在内、由全国各地市民参加的全民参与型发掘工作。到一九九七年第十三次调查为止，此次发掘工作共计有两万人次的普通市民参加。该发掘调查为探明旧石器时代"日本列岛"的环境和动物生态提供了重要的线索。

在该发掘调查之前，学术界一直认为纳玛象是一种长着直牙的热带大型动物，而大角鹿是一种生活在寒温带的鹿。但是通过发掘调查，同纳玛象一起还发现了许多针叶林花粉的化石，从而探明了这一时期的植物是从亚寒带到寒温带的植被，而且从出土的弯曲纳玛象牙来看，这种象比人们想象中要小很多，是一种中小型象（体长约 2.3—2.7 米）。

人们根据野尻湖的发掘调查结果制作了复原图，随着发掘和研究的深入，复原图也多次修改。现在已经探明，纳玛象是一种生活在温带的象，在最终冰期中比较温暖的时期与大角鹿一起生活在野尻湖附近。就这样，日本的旧石器时代研究在反复的试错过程中一步步取得进展。

在野尻湖的遗迹中还有纳玛象的脚印。遗物中除了"旧石器"之外还有很多骨角器，有用纳玛象骨做的枪头，还有多为石器制作的称为宽刃切割器的手斧等。

我们岔开话题，讲一下"旧石器时代"这个名称。由于研究者们观点不同，这个学术用语还有几种其他的叫法。

野尻湖的发掘现场图

　　在人类学领域，基于人类进化的"用双脚直立行走"的观点很受重视。由于用双脚行走，手被解放出来，工具的使用就成为可能。最初除了使用木头、骨头或者动物角做的材料工具以外，就是使用石器。由于石器作为遗物容易留存，因此在历史学划分时代时经常被用于命名。

　　石器分为敲打制作而成的打制石器和研磨加工而成的磨制石器。在欧洲历史学界，出现打制石器的时代称作"旧石器时代"，使用磨制石器的时代称为"新石器时代"。但是日本的"旧石器时代"的石斧中有刃部研磨而成的磨制石斧，与欧洲的旧石器时代不同。因此，日本也有学者不用"旧石器时代"这个名称，而使用"先土器时代""岩宿时代"。本书在认可日本列岛有其特殊性的基础上，仍然使用"旧石器时代"的叫法。

寻求最早的"旧石器"
此后，日本的旧石器时代研究掀起了一场争论。争论的焦点是，是否存在三万多年前的"前期旧石器时代"（按照三期划分法即中期、前期的旧石器时代）。这场争论连日本考古学的奠基人杉原庄介、山内清男等重量级人物都参加了。最早有在青森县北津轻郡金木町进行的学术调查，这是一个比推定立川垆坶质土层（见 21 页）更早的地层的调查。虽然此地出土了很多砾土，但都不是附加了人类劳动的人工石器，而是石块与石块撞击后自然形成的破碎砾土，即"伪石器"。这次调查，最终成了伪石器的调查。

这样，寻求旧石器时代更早期石器的呼声不断加强，目前还不存在能够追溯到岩宿遗迹为代表的后期旧石器时代的确定的遗迹。今天，已有人认为岩手县上闭伊郡宫守

黑曜石产地
讃岐岩产地
硬玉产地

0 5 cm

北海道白泷遗迹

旧石器时代后期石器石材的
流通。原产地为伊豆诸岛的
神津岛、长野的中部高地、
北海道的白泷遗迹等（宇野
隆夫绘图）

村的金取遗迹、长野县饭田市的竹佐中原遗迹、福冈县北
九州市的辻田遗迹等地的遗迹都有可能追溯到后期旧石器
时代。

　　但是整体来看，从遗迹出土的材料并不多，相互之间
的比较研究也不充分。考古学不仅仅是包含出土遗物在内
的地层研究，更重要的是遗物本身的形态学研究，它是在

发掘调查遗迹、探明资料的基础上进行的，因此一定要有确定无疑的材料。目前在日本列岛还没有可以认定为存在于前期旧石器时代的、确定无疑的"旧石器"材料。我们慎重地期待今后的发掘调查和研究成果。

包括岩宿遗迹在内，从旧石器时代的遗迹中虽然出土了作为工具的石器和骨角器，但是关键的人类化石至今尚未发现。这个问题将在下一节中涉及，这里先简单说明一下有关石器的问题。

以比较容易理解的后期的石器为例。作为制作石器的原料，玻璃质的火山岩黑曜石（黑耀石）及安山岩（含有讃岐岩）、页岩这三大石材较受重视。其中黑曜石的产地广泛分布在全国各地，如北海道的白泷、长野县的雾峰、八岳一带，或许还有大分县的姬岛等。但由于其在距离产地相当远的遗迹中也有出土，因此根据黑曜石可以确定产地的特点，能够复原出黑曜石从产地到出土地点的交换和移动的范围。出土地点的人们虽然并不一定直接与黑曜石产地的人们交易，但是由此可知当时交易的范围相当广。

石器形状不同，用途各异。中前期旧石器时代主要使用砾石器和片状石器，后来样式上多样化起来，如刀形石器、两侧加工做成尖头的尖头器、细石刃片，都是用来装在狩猎用的枪尖上的。此外，一般认为砾石器（敲打器）的功能是敲、割、打，刮削器用来刮取兽皮的脂肪，石斧是挖土的工具。出土的各种石器是旧石器时代的人类留下的生活痕迹。有遗物残留，就有人类生存。那么，最初的人类是什么时候来到"日本列岛"的呢？

确凿的人骨化石 ——港川人 报纸上经常有"发现最早的旧石器"之类的标题，但是还从没见过发现人骨化石的消息，因为迄今还从没有发现过人骨化石。那么为什么没有发现呢？

日本列岛没有骨质残留的条件，只有后期旧石器时代有少量人骨出土，其原因在于列岛的土壤为酸性，磷酸钙的人骨都已溶化，残留人骨的地方仅限于碱性强的石灰岩地带及海岸的沙地。从冲绳县具志头村的石灰石采石场、石灰岩高地的缝隙中，出土了包括保存状态良好的男性人骨在内的九具人骨，即港川人。

据人类学家埴原和郎及马场悠男研究，这些港川人极有可能是绳文人。港川人为距今一万六千至一万八千年前的现代人类的化石，男性身高一百五十厘米出头，女性约矮十厘米。该人骨非北方人，与中国广西柳江人相似。如果研究属实，港川人与中国南方就有很深的渊源。但是也有学者指出，港川人与爪哇岛的旧石器人更为相似，很有可能是从东南亚地区北上而来的。

这样看来，港川人的祖先来自何方并不明确，不过人骨化石的时期相当于后期旧石器时代。西南诸岛（冲绳县）有很多石灰岩地带，所以也有人骨出土，但并没有伴随出土的"旧石器"。因此，石器的比较研究无法进行，有待于今后发掘调查的进展。

日本人来自何方？谁都希望知道这个问题的答案。但是旧石器时代确凿的人骨极少，现阶段尚无法在东南亚旧石器文化中做出定位。然而到了绳文时代以后，事情就发生了变化。目前据说已经发现约五千至六千具本地绳文人骨和四千具外来弥生人骨。在山口县丰浦郡丰北町土井浜沙丘发现的弥生时代的三百五十多具人骨中，其长长的脸与圆脸深凹的绳文人头骨不同。这些人骨与中国山东省出土的差不多同时代的头骨很相似，据此可推测，他们很有可能是将水稻种植带到日本的外来系，而且这些人被埋葬时头都朝向大海的方向。

　　现代的大多数日本人都同时具有绳文人和弥生人的脸部特征，即表现出绳文人和弥生人的混血类型，但是其过程至今尚未完全探明。

3. 土器的诞生——绳文时代开启

最早的土器　　　　　一九六〇年，在长崎县的福井洞穴中，从事岩宿遗迹发掘工作的芹泽长介等人从含有细石器的地层里发掘出了隆起线纹土器。这些隆起线纹土器是跟构成旧石器时代末期文化特征的细石器（细石刃片）一起出土的。所谓隆起线纹土器，就是贴上粘土绳而成的土器（后述）。

此后，同样在长崎县的泉福寺洞穴中，从含有隆起线纹土器的地层下面出土了豆粒纹土器，改写了最早土器的历史。该土器据说出现在距今一万两千年前。

然而近年来，在关东地区从包含隆起线纹土器地层的下层又发现了"无纹土器"，这表明极有可能还存在更早的土器。一九九九年四月公布的青森县蟹田町的大平山元

Ⅰ号遗迹的绳文土器，据说距今一万六千五百年，将迄今为止最早土器的起源，向前推进了四千五百年，相当于气温从最终冰期的最低温开始回升的时期。在此以前，人们一直认为气温转暖的地球在一万至一万一千年前变冷，在此期间人们获取食物的手段发生了变化（佐川正敏《东亚史前蒙古文化》）。但是土器的出现更早，这样一来之前的看法就需要改变。

大平山元Ⅰ号遗迹的绳文土器的分析是按照国际标准的科学分析法进行的。如果正确，其成果不容忽视。该绳文土器也是世界上最早的土器，有关土器起源的争论进入新阶段。今后，我们在考虑日本列岛的问题时，不得不把关注的目光转向北方文化。

这样从全世界范围来看，土器在日本列岛的出现属于最早的。为此也有人提出土器是在日本列岛发明的。然而土器是在地球的某地发明后传播到世界各地的，还是在世界各地多元性产生的，很难下结论，还有待于亚洲大陆、西伯利亚地区，乃至广大的西亚遗迹调查的进展。

关于土器的用途却很清楚。土器是容器的一种，旧石器人大概同时也使用皮袋或树皮筐之类。西非的旧土器是用来储存的，但是日本列岛有所不同，其最早的土器上附着有烟灰，深盆状，明显是烧煮东西所用。

烧煮用的土器被用于去除栗子或橡子等果实的涩味，这些树的果实含有较多的淀粉，但如果不除涩就不适合食用。此外土器还用于水产类的加热等。由于土器的出现，食物的加工和烹饪方法不断进步，人们的营养来源变得丰富起来。不过在旧石器时代人们就开始采集核桃和栗子，鱼类也都可以生食。

绳文土器的图纹

说到绳文土器，人们一般都会想起绳子的图纹。如图所示，将搓好的绳子（绳纹）平稳滚动可做成图纹。但是烧煮用的土器就没有必要特意做图纹了。弥生土器和古坟时代的须惠陶器都是实用性容器，很多没有图纹。今天的餐具虽有图案花纹，但几乎都没有凹凸，而我们在博物馆或照片上看到的绳文土器都有绳纹等装饰，几乎可以看作艺术品。那么这些装饰物是出于什么目的而制作的呢？

实际上，绳文土器大部分都制作粗糙（粗制土器），带有漂亮装饰物的土器（精制土器）只有一到三成。日常

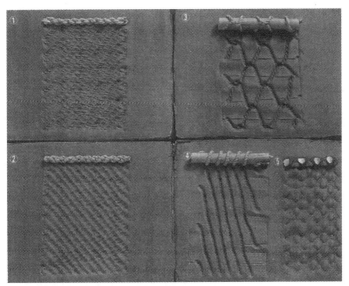

绳文土器图纹的制作方法（佐原真制作）

使用的粗制土器往往都残缺不完整，不适合博物馆展示。而精制土器一般用于祭祀和法术等旨在"展显"的特殊场合，也容易复原。因此，博物馆的展品和考古学图书的插图并不一定都展示普通民众使用的土器。

要了解土器的实际使用情况，首先要清楚了解这一事实。在此基础上，探讨绳文人追求华丽美观的精神世界变得很有必要。有研究者甚至设想，在日常土器之外，还存在有制作土器的专业团体。

绳文的图纹作为装饰而产生，但是土器刚出现时上面并没有绳纹。最初是豆粒纹土器、隆起线纹土器或者"无纹土器"：开始是贴上粘土粒，后来变成贴上粘土绳的隆起线纹土器，再从粘贴的凸出型变成了阴刻型，再后来就出现了滚压搓绳形成的绳纹图形（即绳文）。一般认为这种变化受到土器出现之前的编筐的很大影响。日本列岛的人们使用绳文土器的时间约长达一万年，直到公元前四百年弥生土器出现。

绳文土器的名称与莫尔斯

绳文土器的名称最初写成"绳纹土器"，这一名称至今仍有部分研究者在使用。本书采用现在普遍使用的"绳文"一词。"绳纹土器"一词来自英语 cord mark 或 cord marked pottery。最早使用这一英语名称的人是爱德华·西尔维斯特·莫尔斯（Edward Sylvester Morse, 1838—1925），他调查过有名的大森贝冢，为建立日本考古学迈出最早的一大步。白井光太郎将其使用的英语名称译为"绳纹土器"。

莫尔斯是美国动物学家，一八七七年来到日本，随即被任命为东京大学理学院教授。他透过从横滨到东京的蒸汽机车车窗，发现了大森停车场附近的贝冢。数月后，他进行了大森贝冢的发掘调查，并写出报告书。在对土器的分析部分，莫尔斯使用了"绳纹"和"绳纹土器"的说法。

莫尔斯在日本逗留了两年左右。来日本之前，他已经在美国调查过贝冢，发现大森贝冢大概也是他的探究心所致吧。莫尔斯是一位进化论者，并且以在日本介绍达尔文《物种起源》而知名。这样看来，绳文土器的命名也是近代考古学的一个插曲。

按照考古学的时代划分，从大森贝冢出土的土器多为距今三千至四千年绳文时代后期的物品。莫尔斯的报告书很简洁，英文版的译本被收入岩波文库（近藤义郎、佐原真编译《大森贝冢》）。翻开该书，你首先会惊叹其插图之精确，这在今天也是一本充满了科学精神的报告书，值得后人学习。

土器的世界观与土偶

到了绳文时代中期，出现了胜坂式土器和火焰土器，被认为是绳文土器之精华。距今四千至五千年的绳文中期，围绕中央广场而建的圆环形竖井式住处群（环状部落）在各地兴起，多元地域风格的土器随之出现，其中胜坂式土器以神奈川县相模原市的胜坂遗迹出土的土器为标准式样。

绳文土器都是女子手工制作。图纹和样式反映了包含制作者在内的部落或当地人们的独特想法和观念。从胜坂式土器中能看到蜻蜓眼睛形状的立体装饰，让人联想到人体或蛇。小林达雄解释说，这种装饰和图纹承载着制作团体的内心世界和世界观，传递了某种故事性的信息，需要与单纯的装饰相区别。日常使用的粗制土器与祭祀等用的特殊土器，也许应该区别看待。

火焰土器（见本章篇章页）是分布于新潟县的马高式土器的一种，长冈市马高遗迹的土器是其标准式样，因土器的突起部分像熊熊燃烧的火焰而得名。其突起部分的制作方法也经历了历史的变迁，具有特别的含义，据说制作特定的火焰土器的人看到土器就能联想到共同的形象。根据这种地域性的土器研究的线索，小林设想绳文时代就已存在"国"。但是对于现代人能否正确解读绳文人的内心世界和世界观，很难回答。

　　跟土器一样的土制品还有土偶。在东日本地区，出土较多的主要是模拟人的土制品（土俑除外），且几乎都是女性形象。保留全身的土偶大小从几厘米到几十厘米都有，形态也各不相同。这种土偶早期存在于东日本，到距今三千年前的绳文后期遍及西日本。

　　土偶大多数特别突出头、乳房和臀部等部位，因此有人推测其为与妊娠、生育、育儿等有关的制品，也有人认为是祈求生殖、丰饶的法术用具。出土的早期土偶都是完整形态，中期以后的往往都是有意损毁的状态，有的甚至几乎看不出原来的样子，因此也有人猜测土偶为某种法术或仪式的用具。可能在不同时期和不同地域，土偶的用途也不同吧。

4. 绳文时代的生活

**绳文时代的时光
胶囊**

福井县有一个连接若狭湾的三方五湖，在注入最内侧的三方湖的河流附近有一个鸟滨贝冢。在绳文时代，三方湖的南面还有一个鸟滨湖（古三方湖）。一九六二年开始的发掘调查从该处接连出土了绳文时代的生活用品，因此该贝冢被称为"绳文的时光胶囊"。这里依照参加发掘工作的森川昌和写的《鸟滨贝冢》一书，打开这个胶囊来倾听一下绳文人的留言吧。

贝冢就是贝壳的抛弃地点，所以贝冢的存在体现了绳文时代该地方水产资源的利用情况。鸟滨贝冢除了贝壳，还出土了食物残渣中的骨头和动植物的残留物、破损的土器、石器制作过程中留下的碎片等。五千五百年前是在贝冢丢弃垃圾的绳文村人最繁盛的时期。所谓"村庄"也就是五六个竖井式住处，约三十人一起生活的规模。

贝冢是建在低湿地的遗迹，所以五千年前的植物性遗物得以留存下来而不腐烂，树叶和绳子的碎片等保留了当时原有的色彩和形态，昆虫的羽翼从粘土层出土时也保持了鲜艳的绿色和金黄色，栩栩如生，但是一接触到空气，瞬间就变色退化了。按照森川的说法，就是"时间停下来"的那一瞬间。五千年前的世界可以亲眼所见，的确是考古学研究者的最大乐趣。

调查从无报酬的发掘工作开始，很快就有来自人类学、植物学、动物学以及解剖学等学科的自然科学家加入。发掘工作总共进行了十次。通过这样的不同学科的共同研究，绳文时代"以谋生为中心的生活"被复原出来，绳文人的生活状况得以探明。

丰富的木制品和弓箭的出现　　鸟滨贝冢出土的土器涵盖了从远古的绳文草创期的隆起线纹土器，到较新时期五千年前的贝冢末梢土器。遗物中最具特点的出土物，是各种木制品和植物性遗物。

木制品中特别值得一提的是优里遗迹出土的完整形态的独木舟。它被展示在若狭历史民俗资料馆，现在仍跟复制品一起陈列。

独木舟是用粗约一米的杉树挖空做成的，根据另外发现的多支船桨可以估计，鸟滨村曾经有过数艘独木舟。湖中还有类似船的停靠站一样的遗址，估计是栈桥。研究探明，当时，人们不仅在湖中捕鱼，还在若狭湾划船出去捕鱼。

出土的工具有被誉为"绳文时代的狩猎革命"的弓箭、木槌、石斧柄，出土的器皿有盘、钵、盆，还有梳子；有九根齿的梳子上涂了红漆，后来也发现了涂黑漆的。鸟滨贝冢出土的漆制品年代久远，可以追溯到六千年前。土器之外，还出土了涂红漆的大麻线。

这里我们讲一下随着弓箭的出现狩猎方式发生的变化。随着气候变暖而开启的绳文时代，已经没有了纳玛象和大角鹿。有一种说法是，它们可能被旧石器时代的人吃灭绝了。旧石器人用石矛、石斧追捕纳玛象等大型野兽，效率不是很高。但是发明了木弓和箭（箭头装有石镞）以后，人们就可以在远处射箭猎取动物和鸟类了。而且箭的速度快，对猎物的命中率很高。绳文时代的弓是用整根木头削制而成，这样的弓是如何在日本列岛使用起来的，还不得而知。

绳文时代作为猎物的动物种类也发生了变化。其种类因地区不同而有差异，多为鹿和野猪等中型野兽。要想击倒这些猎物仅靠弓箭还不够，应该是打伤以后再捕获，也可能箭头上涂了毒药。此外，狩猎方式还有陷阱、圈套等。

四季的生活和食物　考古学上把细长的试掘沟叫作 trench，鸟滨贝冢第二次调查的试掘沟探明了堆积物层的季节性特点。根据遗物包含层分为淡水贝壳层，鱼骨层，含有核桃、栗子、橡子等的果实层等，我们弄清了居住在鸟滨的绳文人因季节变化而获取不同的食物。这里一起来探寻一下他们的谋生活动和饮食生活。

春天，他们采集各种贝类、牡蛎和蚬类，在湖里撒网捕鱼，捕获鲫鱼、鲤鱼和鲥鱼（鲤鱼科的淡水鱼）。夏天，到近海用鱼叉（刺鱼的渔具）和渔网捕获洄游到若狭湾的金枪鱼、鲣鱼、鲕鱼等。出土物中还有河豚骨、鲸鱼骨、荣螺壳等。

绳文年历。四季的食材和绳文人的活动日程（小林达雄指导，木村政司插画）

秋天，他们采集森林里大量的栗子、核桃、橡子等果实，这些果实的外壳坚硬，所以叫坚果，具有高热量高营养价值。另外，据说湖里采集到的菱角味道像栗子。在竖井式住处的附近发现了堆满橡子的洞穴，被用作储物的仓库。

到了冬天，猎人们开始活跃起来，猎物的大半部分是哺乳类的鹿和野猪，鹿占到了三分之二。出土物中有类似于柴犬的头骨，狗似乎是作为家畜来养，用于狩猎。

上面鸟滨村生活的例子告诉我们，绳文人如何随着四季变化巧妙地利用动植物作为食物资源。他们以年为单位来谋生和安排生活。上图是小林达雄复原出来的绳文年历。当然，因地区差异而食物各不相同是毋庸置疑的。例如鲑鱼是寒流鱼类，主要分布在东北以北地区，而在西日本，人们较多食用鲤鱼和鲇鱼。

绳文人绝不是"贫穷凄惨的原始人"。从绳文人的生活状况可知，他们的食物种类相当丰富。树上的果实作为主食，被保存在地上挖掘的洞穴内，随时可以食用。从绳文时代的遗迹中还出土了曲奇状的炭化物，被爱称为"绳文曲奇"。绳文人的食物中不仅有坚果类的果实，还有鹿肉和野猪肉，很适合贮藏。因此，绳文时代的人们过着"丰富的饮食生活"。但是绳文人的生活受周围自然环境的影响很大，有时还要直接面对天气变化等自然灾害，经常会陷入食物匮乏的危机。

旧石器人为了狩猎和采集，寻求适合生存之所，过着不断迁徙的野营生活。一般认为他们在一个地方逗留的时间大概也就几周，但是绳文人却能够将采集植物、捕鱼、狩猎等谋生方式巧妙地结合起来，并开始定居的生活。

植物栽培和"绳文农耕"

鸟滨贝冢的出土物中特别值得注意的植物残骸是绿豆、葫芦的种子和果皮。这些残骸最初是从距今五千五百年的地层中出土的，后来随着绳文草创期的土器又一起出土了葫芦的果皮。此外，还出土了白苏、牛蒡、大麻的种子。

葫芦是原产于西非的栽培植物，不仅可以食用，还可以当作容器。此前引起争议的是，这种植物是否也在鸟滨村栽培？有人坚持自外部漂流进入的"漂流说"，但是多数研究者认为在鸟滨村栽培葫芦的可能性更大，因为除了日本海一侧，在其他遗迹中也有葫芦出土。

此外，白苏除了食用，也被用于漆的精制。这些栽培植物在各地的遗迹中均有出土，所以很难判定人们是否栽培了它们。目前还不清楚是否存在栽培植物的农田。

鸟滨贝冢栗子果实的出土说明，绳文时代的部落周围有很多栗树林。青森县的三内丸山遗迹发现了长约八十厘米的栗树的支柱根，原来的估计有一米以上（柱穴的排列间隔 4.2 米）。栗树林曾经存在于大部落的周围。根据佐藤洋一郎的研究，出土的栗子果实 DNA 结构相似，极有可能是栽培的。说到大型栗树，在金泽市的新保本町近森遗迹出土的栗木柱，最粗处达八十五厘米。但遗憾的是，使用这些巨大木柱的建筑物有何用处，至今尚不清楚。

栗子是热量极高的食品，而且栗树由于材质坚硬常被用于制作各种用具，栗木还被用作住处的柱子。栗树林往往分散在砍伐掉山毛榉等落叶阔叶林后建造的部落周围，属于次生树林。从这里也可以了解绳文人的生活智慧，了解他们有计划的生活安排。

如上所述，基本上可以毫无疑问地认为绳文时代已经开始栽培绿豆、葫芦、白苏等植物，还种植了栗树。稍后第二章会谈到，水稻的栽培也已经在绳文时代进行了。在绳文时代后期，西日本的部分地区已经出现水稻栽培。最近在冈山市的朝寝鼻贝冢遗迹发现了约六千年前的水稻蛋白石（含有稻科植物叶子的活动细胞硅酸体的微小化石），但是这并非表示此时有了水稻生产。水稻种植伴随着灌溉设施从朝鲜半岛传入日本，是在绳文时代晚期。在此以前日本列岛也有栽培植物，并开始了初期的农耕。在这个意义上，我们可以提出"绳文时代已经存在初期农耕"的"绳文农耕论"。

绳文时代的初期农耕，还不是能够取代采集经济的那种生产经济。绳文人的谋生手段，基本上仅限于植物采集、动物狩猎和鱼类的捕获，植物栽培还没有成为绳文人的生产基础，也未达到弥生时代构成生产要素的水平。初期的农耕与弥生时代的农耕社会，要明确区分。

绳文时代观的转变——鹰山遗迹群和三内丸山遗迹

最后介绍一下改变原有绳文时代观的两个遗迹，一个是大家还不太熟悉的"绳文黑曜石矿山"长野县鹰山遗迹群，另一个是前面已经提到过的三内丸山遗迹。

进入旧石器时代后，作为石器原材料的黑曜石被奉为

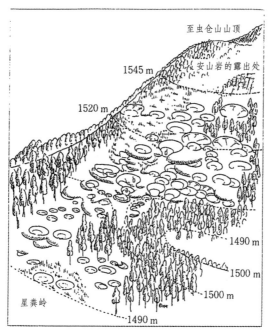

星粪岭附近的黑曜石采掘遗址群（小杉康绘图）

至宝。黑曜石的原产地有限，故通常通过交易被运到各地。位于本州中部高地的黑曜石原产地在雾峰到八岳一带，鹰山遗迹群就在其中。长野县长门町鹰山地区有一个很小的盆地，那里就是从旧石器时代一直持续到绳文时代的黑曜石原产地遗迹。

分布遗迹的星粪岭之"星粪"，便得名于黑曜石闪闪发光的性质。调查结果显示，在海拔一千五百米的星粪岭周边，山腰纵向白色粘土层的矿床处，黑曜石的原石被采掘过数次至十余次，如今其开采遗址留下了一个石臼形的洼地。因为从堆放挖土的角度，从山麓向山顶方向采掘更有效率，所以凹陷的遗址呈阶梯状上升。另外，旧石器时代的开采集中在山麓湿地一带，随着旧石器时代结束，这一带的原石被采掘一空，进入绳文时代后，采掘方式改成了地下挖掘式。

但令人不解的是，在鹰山遗迹群没有发现绳文时代的部落遗址，有关黑曜石开采的建筑物遗迹和遗物，以及有关日常生活的遗物几乎都没有出土。而在距离鹰山遗迹群将近十千米的地方，却发现了绳文时代中后期的部落遗迹。看来人们好像都居住在距离鹰山遗迹群很远处的山麓。

鹰山遗迹群是旧石器时代至绳文时代的黑曜石原产地，也是石器生产遗迹。南关东部落遗迹中的石器采用雾峰、八岳地区出产的黑曜石制成，由此来看，这些石器主要被运送到南关东地区使用。鹰山遗迹群也因此被称为"绳文黑曜石矿山"遗迹。

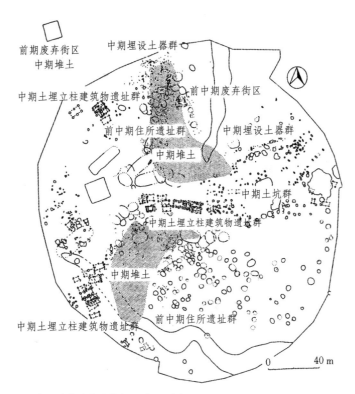

前期废弃街区
中期堆土

中期埋设土器群

中期土埋立柱建筑物遗址群

前中期废弃街区

前中期住所遗址群

中期埋设土器群

中期堆土

中期土坑群

中期土埋立柱建筑物遗址群

中期堆土

中期土埋立柱建筑物遗址群

前中期住所遗址群

0   40 m

三内丸山遗迹的遗址分布图 (1996年)

青森县的三内丸山遗迹集中了从五千五百年前一直延续至四千年前的绳文部落的遗迹。部落分散在海拔二十米的高地上，有意识地划分了住处、仓库、垃圾场和墓地等区域，从中我们能够了解部落全貌。当时的海岸线一直逼近到了山丘。

由直径达一米的六根圆柱构成的大型建筑物以及长达三十米的大型竖井式住处被复原出来，一时成为人们热议的话题。作为绳文遗迹，更受人关注的是住处遗址的数量之多。同一时期生活的至少有五十人，最多不会超过一百二十人，这一推测的数字比较可信。也有部分人主张有五百人，但是考虑到遗迹一直延续了一千五百年，所以这个数字有点儿夸张。因此对于有人把遗迹评价为"绳文都市"的提法，笔者持保留态度。不过三内丸山遗迹反映出了很多问题，比如绳文时代的社会阶层问题等。

遗迹出土了大量保存在泥炭层的动植物遗骸，也许有一天可以复原出鸟滨村那样的四季生活图谱。由于此地无法捕获，动物骨头里很少有绳文人喜欢的鹿和野猪，取而代之的是鼯鼠和野兔；坚果类则以栗子和核桃居多。该遗迹的特点是野稗（现在已作为稗子来栽培）很多——现在仍然有野生稗类，但当时很可能被用来食用。

　　如上所述，绳文人的食物呈现明显的地域性。另外，三内丸山遗迹还出土了大量的土偶和圆筒状土器，有人据此认为三内丸山是这些山土物的生产基地。不管怎么说，我期待着今后发掘调查的进展。

第二章 农耕社会的建立和邪马台国

刻有"景初三年"铭文的三角缘神兽镜（岛根县神原神社古坟出土）

1. 水稻农耕的传入和接受

稻米的起源和日本稻 稻米分为日本稻和印度稻，我们现在吃的品种是"日本稻"，即前者，严格来说叫温带日本稻。我们知道，日本稻一般是短粒米，而印度稻是长粒米。但是从科学上定义的话，并非如此简单。

关于稻米的原产地，学术界现在正处于一个重大转换节点。被认为是照叶树林文化论之核心的"阿萨姆—云南起源说"曾经是很权威的学说，但是随着最近中国大陆的考古学调查进展，"长江中下游起源说"正在取而代之。

"阿萨姆—云南起源说"是作物学家渡部忠世等人所提倡的学说，该学说与中尾佐助和佐佐木高明等人的照叶树林文化理论非常吻合，所以支持者众多。但是在长江下

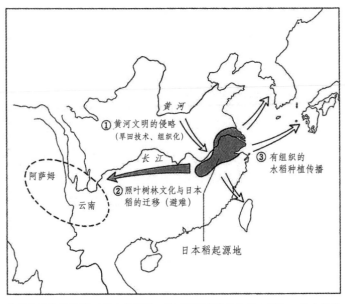

水稻和稻作的传播（引自佐藤洋一郎《DNA讲述的稻作文明》，日本放送出版协会，1996年）

游地区的河姆渡遗迹（浙江省）发现了堆积厚度达数十厘米的稻壳，出土的炭化米据说是距今七千年前的遗物。另外，在草鞋山遗迹也发现了可追溯到约六千年前的世界最早的水田遗址。然而在"阿萨姆—云南起源说"的发源地云南省，仅仅发现了四千年前的稻作遗迹。云南省稻作遗迹之前的遗迹，也只发现了旧石器时代的物品。

鉴于这一事实，佐藤洋一郎从分子生物学的 DNA 鉴定的角度，提出了日本稻"长江中下游起源说"（《DNA 讲述的稻作文明》）。根据该研究，在开始栽培前的野生稻阶段就已存在日本稻和印度稻两个品种，因此原有的学说需要重新讨论。即使参照农学家藤原宏志等人的植物蛋白石分析法（对稻科植物叶子所含活动细胞硅酸体的微小化石的研究），稻米栽培"长江中下游起源说"也是成立的（《稻作的起源探究》）。

这样，关于稻米栽培的起源，学术界正从原来的"阿萨姆—云南起源说"转向新的"长江中下游起源说"。此后，温带日本稻从长江下游地区经朝鲜半岛南部进入九州。然而，日本列岛曾经有过的热带日本稻也有可能是经由西南诸岛传入日本列岛的。基于 DNA 鉴定或植物蛋白石分析法等自然科学分析法的研究，今后还会有新的数据公布出来。

水稻农耕的传入　　福冈县和冈山县的遗迹中出土了炭化米和带有稻壳痕迹的土器，这说明在日本西部绳文时代后期的遗迹中发现了稻米栽培的痕迹。

据说最近冈山市朝寝鼻贝冢的调查，在约六千年前的地层中发现了水稻的植物蛋白石。如果这个调查准确的话，水稻的栽培时间就可以追溯到绳文前期，可能和小米、稗子、小麦等旱田作物一起。

但是，这还不是弥生时代采用水渠灌溉的水稻栽培。鉴于至今尚未发现水田遗迹，我们推测当时可能是旱稻或利用湿地进行的小规模稻作。佐佐木高明称之为"杂谷栽培型稻作"，广濑和雄称之为"旱田稻作"。这一时期的稻米栽培大概是正式进行水稻农耕之前的初期农耕。

日本列岛发现的最早的水田在绳文时代晚期，距今两千四百年至两千五百年前。保留这一所谓"绳文水田"遗迹的是福冈市的板付遗迹和佐贺县唐津市的菜畑遗迹。板付遗迹的水田用板桩排列（板状的木桩排列）挡土而成的田埂来划分，并分布有水渠；水渠上有用木桩加固、调节水量的拦水堰。此处甚至有取水和排水用的出入水口，水利设施相当完备。被推定为湿地的菜畑遗迹，几乎是同样的构造。这就是说，水田是从朝鲜半岛等地跟完善的水利技术一起传入的。

菜畑遗迹中除了炭化米，还发现了小米、小麦、荞麦等杂谷类的种子，并且出土了翻挖土用的双手锄，平整土地用的耙子等木制农具，以及割稻穗用的石刀、石斧等大陆体系的磨制石器。绳文时代以后的石器也很多。土器方面发现了壶、瓮、高脚盘这种所谓的"弥生土器三件套"。

出土的动物骨头有猪骨，据此推测当时猪可能是食用家畜，或与法术和祭祀有关，可见，当时不仅传入了有关水稻种植的技术体系，还传入了相关的祭祀文化。随着朝鲜南部的人们来到九州北部，很可能稻作技术、技能和文化也相应传入。

板付遗迹大致位于福冈平原的中央，现福冈机场以南。部落位于梯地之上。进入弥生时代，周围挖有双重的环形壕沟，形成环壕部落。外壕南北三百七十米，东西一百七十米，梯地下方有水田，一般认为这是佐贺县吉野里遗迹的原型。在中国大陆和朝鲜半岛也发现了它们的遗迹，据此可以认为环壕部落是与稻作一起传入的。

内壕呈 V 字形（宽约 6 米，深 3—3.5 米），挖出的土垒成土堤，从土堤测得的深度为四至五米。外壕常年有流水。

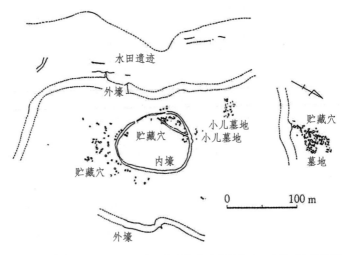

板付遗迹的遗址图。被双重环壕围绕的部落及外侧的水田遗址（山崎纯男绘图）

　　如图所示，在内壕和外壕之间有居住区和储存洞穴，还有墓地。内壕区域以直线壕沟为界区分为大小两块，储存洞穴集中在小的半月形区域内；大的区域据说用于居住，此区域内架有小桥供出入。包括吉野里遗迹在内，这样的环壕部落在全国各地均有发现。

　　在爱知县的朝日遗迹，人们还发现了为防备敌人入侵而将削尖的树枝竖排起来的鹿砦和向外斜插的木桩列。从

60

这些设施来看，可以认为环壕还发挥了保卫储存区域和居住区域的功能。

日本列岛的水稻农耕

传入九州北部的水稻农耕，之后传遍了日本列岛各地。到目前为止，发现水田遗迹的最北端在青森县。弘前市的砂泽遗迹发现了弥生时代前期的水田遗迹，田舍馆村的垂柳遗迹发现了弥生时代中期的水田遗迹，共计六百多处。垂柳遗迹还发现了很多稗子。可见当时在日本海沿海，水稻农耕正以相当快的速度向北传播。根据发现的地点推测，传播毫无疑问是利用了海上的途径。但是在北海道，包括水田遗迹在内，没有发现稻作的痕迹，水稻农耕似乎止于津轻海峡。

稻作在列岛各地的传播具有时间差，虽然日本西部已经普及了水稻农耕，但是东部还保持着绳文文化。这里附上袮宜田佳男绘制的各地水稻种植的传播和落地生根时期表供参照。

袮宜田认为，考虑到水稻农耕是以完善技术的形态传入的，水稻种植的实施需要水田、灌溉设施、锄锹等木制

	九州北部	中国四国	近　畿	伊势湾	东海中部	南关东	东北南部	东北北部
早期		莱畑	大渕						
	板付	津岛江道林·坊城	牟礼?,口酒井						
前期	葛川		大开						
		池上,东奈良	高藏,西志贺	宫竹野际,宫之前				砂泽
中期				朝日		丸子	龙门寺	
	比惠					池上,常代	中在家南	垂柳
		加茂(方形区划)(大型建筑物)			有东	大冢		

□ 绳文时代	□ 水稻种植落地生根前阶段	▨ 水稻种植落地生根阶段

水田向各地区的传播。传入九州北部的水稻种植快速向列岛各地传开（祢宜田佳男绘图）

农具、石刀及大陆体系的磨制石斧、大型坛罐（储存器具）五个要素，这些物品的数量变化和部落及墓地形式是判定水稻种植是否落地生根的依据。

如表所示，九州已进入弥生时代，而日本东部仍然处于绳文时代。水稻农耕在日本列岛的大部分地方落地生根，是从弥生时代的前期至中期逐步推进，而不是同时进行的，与当地的绳文文化之间的关系也有地区差异。另外，假定在西南诸岛传入了热带日本稻，但是至今尚未发现可以证实这一假设的水田遗迹。

在此有必要讲一下弥生时代的开始时期。本书认为水稻农耕始于绳文时代晚期（公元前四〇〇年左右），用考古学界的专门术语土器型式来说，就是凸带文土器时期。本书沿用原有的方法根据绳文到弥生的土器型式变化来划分时期。既然将弥生时代认定为农耕社会，那么尽管当时还存在绳文土器，也可以认为弥生时代已经开始，并将其确定为弥生时代早期。将弥生时代定义为农耕社会的说法明白易懂，支持这一学说的研究者正在增加。

然而时至今日，土器中的水稻植物蛋白石、稻壳痕迹土器、炭化米等有关稻作的考古学遗物不断增加。由此看来，稻米栽培和水稻农耕的时间今后极有可能进一步向前追溯。本书暂且仍采用目前的时代划分，也许将水稻农耕的落地生根认定为弥生时代开启就在不久的将来。

**北方的续绳文文化和
南方的贝冢后期文化**

如前所述，水稻种植没有到达北海道。在东北北部曾见到的弥生前期和中期的水田遗迹，此后便不再见到，水稻种植并未落地生根。大概主要受气温和季风等环境的影响，东北地区稻作的普及要等到七世纪。有意思的是，该地区今天已经成为屈指可数的出产宫城县"细竹锦"和秋田县"秋田小町"等名牌大米的稻米之乡。

虽然未进入农耕社会，但是日本列岛的北方绝不是停滞不前。这里进行着大量的土特产交易。在绳文时代后期的北海道礼文岛船泊沙丘遗迹群出土了本州产的天然沥青、新潟县丝鱼川流域产的翡翠，以及九州以南的南岛海域的宝贝等。另外，该遗迹生产的平玉不仅在北海道内，甚至在库页岛也有出土。调查表明，当时用奄美诸岛和西南诸岛捕获的螺贝和芋头贝等做成的南岛产贝壳手环，不但出现在九州各地，还被远送到了北海道。这条路线如今被称为"贝壳之路"。

另外，在绳文末期的钏路市贝冢町一丁目遗迹发现了铁片，在公元一、二世纪的罗臼町植别川遗迹的墓中发现了带有银饰的铁刀，这些都是在大陆一侧阿穆尔河下游制作的铁器时代初期制品。北海道受到北方的大陆文化的影响很大。如前所述，自绳文时代以来，一直存在一个连接南岛至日本列岛、俄罗斯沿海州，跨越广大地域的环日本海文化交流圈。

据最近的发掘调查，北海道南半部出土了受弥生土器影响的壶、瓮、高脚盘等成套的土器，显然弥生文化传入了本州。另外，东北地区北部还发现了北海道出产的土器。但是这些地区并没有实行水稻农耕，也并未全部染上弥生文化的色彩。与北方大陆文化交流的此地文化自成一体，曾经繁荣一时。我们把这种北海道和东北地区北部的、在绳文时代之后延续的文化叫作"续绳文文化"。

应该说，将绳文时代的日本列岛看作一个平衡发展的整体，这种想法本身就有问题。有的研究者甚至设想将日本列岛一分为二，认为曾经存在一个可以将日本西部称为"弥生世界"、日本东部称为"绳文世界"的社会（酒井龙一《弥生的世界》）；尽管受到弥生文化的影响，但是日本东部仍然以之前的绳文文化为基础，缓慢地向弥生世界过渡。

另一方面，绳文土器在包括冲绳在内的西南诸岛上落地生根，这一点如今已经明确。虽然西南诸岛也有弥生土器出土，但是看不到水稻农耕的踪影。这些地区在与九州的交流中使用了螺贝等物品。另外，在这些地区还发现了明刀钱（战国时期）和五铢钱（西汉至隋）等中国古代的钱币，以及乐浪郡①周边的土器，这些物品体现了西南诸岛与中国之间的交流。有人认为冲绳地区进入过绳文时代，而并没有产生过弥生文化，但近年来更多人倾向认为，在绳文时代冲绳地区属于贝冢文化（前期），在弥生时代属于贝冢后期文化。北边的北海道和东北地区北部、南边的西南诸岛，都没有产生弥生文化，而是自成一体的文化开花结果。

①西汉时期中国在朝鲜半岛设置的汉四郡之一。——译者注

2. 金属器的引进和环壕部落

铁器的传入和农具、武器
水稻农耕与石刀等石器一同进入九州北部的前后，铁器也传入日本。我们可以说，人们几乎是在开展稻米生产的同时开始使用铁器。这些铁器有斧头、刀子、凿子等工具，镰刀、铁锹头等农具，大刀、剑、箭头等武器。不过，铁器的正式引进，是在弥生时代前期的晚些时候。通过被称为"弥生时代的技术革新"的铁制农工具的引进，生产效率明显提高。铁器还作为武器发挥了优越的性能，因此，各地因抢占铁器而争斗不断。

引进到日本的铁的原产地是朝鲜半岛南部，此事见于《三国志·魏书·东夷传》，史学界通称的所谓"魏志倭人传"是其倭人之条目。据《东夷传·韩传》"国出铁，韩、濊、倭皆从取之。诸市买皆用铁，如中国用钱"可知，铁在产地弁辰地区广为流通。

铁器很快在九州地区普及，中期近畿地区也普及了铁制工具并开始生产。到了弥生时代后期，铁器已基本取代了石制的农具和工具，且都实现了国内制作。但在有些地区，石器仍被长期使用。

在弥生前期晚些时候，已经有了采用进口材料的铸造作坊。但是铁制品是贵重物品，而且可以再利用，因此很难作为遗物留存下来。发掘出来的铁器数量很少，人们便根据石器的出土量来分析铁器的普及情况。弥生后期石镰、石刀等的出土变得极为稀少，其背后有一种观点就是设想铁制的镰刀和割穗工具（也有木制刀）的普及。但是对于这样的研究方法，近年来也有人提出质疑，认为归根结底还是应该以考古学资料为依据，而且认为铁器中斧头等工具的普及较快，镰刀等农具则相对滞后。

要制作铁器，就必须有海外，主要是朝鲜半岛的原料供应。但是从弥生中后期广泛普及的铁制品数量来看，仅靠原料进口已经无法满足需求，有研究者据此提出了在日本国内炼铁的假说。然而到目前为止，最早只发现了六世纪后叶的炼铁遗迹。这些遗迹显示，由于没有朝鲜半岛那种优质的铁矿石，当时都是采用沙铁作原料。

这样看来，依赖进口的铁器与各地都有可自产的石器不同，前者是从朝鲜半岛进口，后者为日本列岛内交易。交易流通途径的不同，带来了新的问题。在铁的流通方面，开始出现各地政治势力介入的情形，换言之，围绕铁的进口产生了地方纷争。

如后面所述，二世纪后叶的中国史书《后汉书》中记载了"倭国大乱"这一纷争，那时卑弥呼还没被各地拥立为倭国国王。关于纷争的原因，有观点认为是围绕朝鲜半岛的铁矿资源，九州北部与濑户内海沿岸及近畿地区各势力产生了纠纷，冲突中近畿的政治势力获得胜利，掌握了霸权。

关于这一说法也有不同意见。他们认为，进入弥生时代后叶，铁器的普及由西向东推进，其生产的先进基地在九州北部，还不能说近畿的政治势力一手掌握了铁的流通权和分配权（村上恭通《倭人与铁的考古学》）。青铜器方面近畿处于优势地位，但是铁的方面却不一定。从史料来看，政治问题和铁也许没有直接联系。

青铜器和祭祀　　青铜器从朝鲜半岛的传入较铁器略晚一些，且主要是作为权威象征之信物或祭器、装饰器皿，铜铎和铜镜是当时的代表。虽名字上有一"铜"字，实际上青铜是铜和锡的合金，最迟在弥生时代中期就有了青铜器。

以工具的材质变化为标记，可将人类史划分为石器时代、青铜器时代、铁器时代等。若照此方法，日本列岛经历了从石器时代一举进入铁器时代的急剧变化。根据成分分析可知，青铜原料产地开始是朝鲜半岛，后来的公元前一世纪，改由中国直接进口。

青铜器中最为常见的铜铎原来在中国用作铜铃，传入朝鲜半岛后成为小型的朝鲜铜铎，传入日本列岛后，人们将其大型化，再刻上人或动物的花纹。一九九六

加茂岩仓遗迹出土的大量铜铎

年，岛根县加茂岩仓遗迹一次性发现了三十九个铜铎，成为热门话题。铜铎一般都是在埋藏的状态下被发现，其最大的疑问是，为什么要有意埋藏这些铜铎？有的人提出铜铎在祭祀时间以外需要埋藏的"地下保管说"；有的人提出铜铎是祭祀活动的贡品，即用完后丢弃的"废弃说"等。但这些假说都欠缺说服力。

老的铜铎上都有一个穿绳用的吊把，内部有鸣音用的铜舌。而新型铜铎在吊把位置加了饰耳，不方便吊起。因此，一般认为可能是铜铎从"听音铜铎"演变成了"观赏铜铎"。遗迹出土的铜铎都已生锈，符合青铜之名，但当时都是金光闪闪的，其式样和颜色都非常适合祭祀的场合。

铜铎上铸有图案和花纹，图案多为鹭鸶和鹿等动物，少数有野猪图案，似乎不像是在描绘日常狩猎情景。据考古学研究者考证，所描绘的是与水田有关的动物。鹿是土地的精灵，鹭鸶是稻谷的精灵，蜻蜓带来丰收，这些动物的象征意义随同祭祀等一起传入，被画在了铜铎上（佐原真《祭祀之钟：铜铎》）。据说鹿骨多被用于占卜（称为鹿卜），与神有很深的关联。

环壕部落和吉野里遗迹　水稻种植引进九州北部后，像板付遗迹那样（参见 60 页板付遗迹的遗址图）建起了环壕部落。朝向玄界滩的各处平原都发现了一两处环壕部落，这些都是各地核心区域的中心部落（山崎纯男《弥生在各地区的开始》）。日本西部在稻作开始以后不久，也形成了环壕部落。基于水稻种植的农耕生活落地生根后，大概就会形成环壕部落。

在吉野里遗迹，从弥生时代前期至后期一直都有部落和墓地。这里前期可以看到有环壕，但中期以后逐渐向大型化发展，不同时期环壕的规模也不一样。最大规模的部落是弥生中期至后期，南北长一公里以上，东西最大宽度五六百米，面积约四十万平方米。这是覆盖丘陵南部全域的大型环壕部落，也是该地区的大型中心部落。

从照片中可以看到，陆桥、门柱、栅栏、瞭望台以及干栏式仓库、竖井式住处都已被复原出来，北边的坟丘墓在遮蔽屋中按当时的形制公开展示，很多读者也一定已经参观过。最近有报道说南边有一个祭坛，该遗迹预计不久将建成吉野里历史公园。

吉野里遗迹鸟瞰图。从中可见复原的建筑物群

　　环壕部落除了作为防御设施，显然也提供了有关战争的资料。很多教科书中都登载装有无头尸骨的瓮棺照片，还有插着箭头的尸骨，毫无疑问，这都跟战争有关。之所以无头骨也许是被对方取走了头，因为福冈县还有仅仅埋了头骨的瓮棺墓。在弥生人的环壕部落之间，发生过严格意义上的战争。

　　在已有的数百具尸骨的调查之外，相信今后一定还会有关于弥生人的更多发现。这些男性尸骨平均身高一百六十三厘米，女性超过一百五十厘米，典型的弥生人特征。除了有瓮棺的集体墓地，北侧还有一个由弥生后期的坟丘墓构成的特别墓区。墓中有豪华的陪葬品铜剑、管玉等，显示出部落中身份、阶级和阶层的分别。

在坟丘墓南侧以三重环壕划分出来的地方（北内郭）发现了三间（约 12.5 米）见方的大型全木柱干栏式建筑物的遗址，极有可能是某种政治性的设施，此外还发现了中期的青铜器作坊遗迹。据此可知，环壕部落不是由居住、储存、埋葬等设施构成的单纯的农村部落，而是附设了政治性设施和生产作坊的政治和军事中心基地，也许将其称为"城塞部落"较为合适（都出比吕志《都市形成与国家论》）。

大阪和奈良的中心部落

近畿地区著名的环壕部落——大阪府的池上曾根遗迹和奈良县的唐古键遗迹，向我们传递着弥生文化的具体信息。池上曾根遗迹是横跨大阪府南部和泉市池上町、泉大津市曾根町的巨型环壕部落，面积达六十万平方米。如今在指定为史迹的遗迹两侧建起了大阪府立弥生文化博物

池上曾根遗迹复原的大型建筑物

馆，因为限定为弥生文化，其展品又带有故事情节，博物馆很受欢迎。

　　建于弥生中期的环壕长轴为二百八十米，短轴为二百六十米，最盛期在其外围还有比长轴和短轴大四十米的壕沟。中心位置出土的大型建筑物，是南北一间（6.9米）、东西十间（19.2米）的大型干栏式建筑物历经数次改建而成。而且该遗迹的实际建造年代已经确认：按照年轮年代法推算，其中一根残存木柱为公元前五十二年砍伐的木材，另一根为公元前五十六年加若干年；建筑物南边相邻处有一水井，推定是树龄七百年、宽约两米的楠木挖空而成。

有人认为该建筑物是一座"神殿"，但是从古代的祭祀方式来看，这个观点是值得怀疑的。虽然并不是完全没有作为祭祀设施的可能性，例如在三〇〇年之后的三世纪前叶，女王卑弥呼的邪马台国就建有"居处、宫室、楼观、城栅"等建筑物（《魏书·东夷传》），但是从文献中见不到"神殿"的字样。而开始建造神殿，要等到之后的时代。

按完整发掘整个部落的神奈川县大冢遗迹推算，每个环壕部落的平均人口大约是四百五十人（也有人认为有一千人）。经常有人会采用"弥生都市"的说法，照此来看，其实并不是什么"都市"，应该说是"城塞部落"吧。

唐古键遗迹的唐古池发掘工作中，不仅出土了木锹、木锄等木制农具和土器，还有炭化米。根据这一点，确定了弥生时代是稻作社会。该遗迹位于奈良盆地中央的田原本町，东西宽六百米，南北长七百米，总面积约三十万

平方米，是弥生中期形成的
大型环壕部落。该遗址出土
了许多绘画土器，其中刻有
二三层楼阁纹饰的土器引发
了学界轰动。

这样的中心部落分布在
全国各地，组成一个网络。
酒井龙一认为，多个中心部
落联合起来组成一个地域社
会，多个地域再结合起来组
成一个广域社会。后来成为
"畿内"的近畿地区和九州

唐古键遗迹出土的画有楼阁的绘
画土器

北部就相当于这样的广域社会（《弥生的世界》）。随着农
耕社会的发展，九州北部到日本中部地区无疑通过网络联
合了起来。

令人担心的是大型环壕部落的命运。吉野里的环壕部
落到了古坟时代就不见踪影，池上曾根遗迹变为分散的
小部落，唐古键的环壕部落在弥生后期填埋了壕沟变成
小部落，到弥生时代末甚至消失了。考古学研究者认为，

这时在巨型环壕部落中处于内壕中心区域的首领开始到别处修建以壕沟或栅栏围起的居所，这就是古坟时代的权贵居所（首领居所）。外侧的环壕消失，普通民众则建起了小村庄。

首领的政治权力与战争

有关环壕部落的研究将"和平的弥生农村"变成了"战争的城塞部落"，戏剧性地改变了弥生时代的形象。历史事实是，弥生时代到处都进行着战争。其背后的原因，首先是以水稻农耕为核心的农耕社会的形成，然后是经济生产能力的提高和政治权力的冲突。

与完善的水稻农耕形式一起进入日本的，还有来自朝鲜半岛南部的移民们。吉野里遗迹出土的人骨高个子、长脸形，显示出不同于绳文人的样貌特点，用演艺界人士来比喻的话，男性形似演员藤田真，女性形似歌手由纪沙织（七田忠昭《吉野里遗迹》）。这些人移居后逐渐与当地人混血繁衍，但是有多少人移居过来，很难进行数量上的分析。有一段时间新移居者传播水稻种植的观点很受重视，最近开始有人认为是当地绳文人的主动接受（金关恕《考古学的新规范》)。问题在于，移居者与当地的绳文人究竟是一种怎样的关系？可以确定的是，二者在开发水田时一定也有冲突。

其次是伴随着水稻种植而产生的利害冲突。我们从部落首领的权力角度来思考一下。要想维护水田的灌溉设施，对部落内部成员的管理就很重要。因河流引水等水利问题而产生的利益冲突，部落之间很容易引发纷争。人口增加，就要建新的部落，开发水田就成为问题，为此就需要长期协调部落之间的利益。而且，进行祭祀和法术时首领的宗教职能也不能忽视。这样，部落首领的领导能力和政治权力就更加重要了。一旦协调失败，很快就会影响到居民的实际生活。

接下来又产生了如何获取农耕所必需的铁制农具和工具的问题。这一时期的铁资源来自朝鲜半岛南部，当初九州地区北部的首领们是进口的主体，围绕着铁资源的分配，团体内部和团体之间一定也出现了利益冲突。

水稻农耕带来了可以储存的富余产物，跟以前的储存物品相比其数量之多不可同日而语。管理这些稻米也是首领的职责所在，于是围绕这些富余产物又产生了纷争。一旦出现饥荒，部落之间储存物品的不平衡就会升级成为政治问题，而且这样的问题仅仅依靠首领政治协调的和平方式并不能解决。一旦政治协调失败，便会爆发军事行动。环壕部落的环壕就是为了防御而设置的。

3. 邪马台国的下落

**中国史书记载的
倭人和倭国**
居住在日本列岛的倭人最早出现在中国史书《汉书·地理志》中：

夫乐浪海中有倭人，分为百余国，以岁时来献见云。

文中的"乐浪"即汉武帝于公元前一〇八年在朝鲜半岛设置的乐浪郡，倭人的朝贡是在公元前一世纪左右。从"岁时"这一用语可知，倭人一直定期向中国设置的乐浪郡朝贡。这一点可以从福冈县的须玖冈本遗迹（春日市）和三云遗迹（前原市）出土了西汉时期铜镜得到证实。而且如前所述，符合从这一时期开始青铜器的原材料产地已经从朝鲜半岛变为中国这一史实。

按照考古学的划分，这是弥生时代中期，相当于吉野里遗迹的巨型环壕部落形成时期。其"百余国"大概是指具有吉野里遗迹这样的中心部落的"国"，即九州北部作为发达地区的各国。尽管史书中记载的是"国"，但中国视其为倭人"团体"。

《汉书》之后有倭人记载的是《后汉书》。但是该史书是在《三国志·魏书》（以下按惯例称《魏志》）之后编纂的，而且参照了《魏志》，阅读时需要注意。《后汉书》中有《魏志》中没有的关于倭国的单独描述，是非常宝贵的史料。

东汉光武帝在位时的建武中元二年（公元五十七年），倭奴国"奉贡朝贺"，千里迢迢来到东汉京城洛阳——这里首次出现了作为倭人团体核心之一的奴国。到访京城证明，奴国看准了东汉王朝是东亚的政治和文化中心。作为回报，光武帝向奴国授予了金印。奴国也见于《魏志》，相当于后来的"傩县"（《日本书纪》仲哀八年纪）、"那津"（《日本书纪》宣化元年纪）等的所在地，位于流经福冈平原的那珂川流域。

金印就是在以前的博多湾志贺岛（现已成陆地）出土

的"汉委奴国王"印。该金印表示中国和奴国王还不是君臣关系，即非臣朝贡国，奴国的中心是须玖冈本遗迹。

《后汉书》中还记载，公元一〇七年（汉安帝永初元年）"倭国王帅升等献生口百六十人，愿请见"。按照原有的说法，唐代的律书《通典》北宋版中有"倭面土国王"，因此有"面土国"（伊都国）和"末庐国"之说。但是如《后汉书》所记，就是倭国王（西岛定生《邪马台国与倭国》）。这一时期，作为中国外交对象的，并非奴国这一特定的国家，而是倭国王个人。也就表明，在日本列岛已经有了倭国这一政治团体。这样，我们可以认为在二世纪初就已经建立了倭国的架构。

《后汉书》中所见的"生口"就是活人的意思。这里所指的可能是奴隶身份的人，或者就是指倭国人。不管怎么说，一百六十人是很多的。据《魏志·倭人传》中卑弥呼献上"生口"男四人、女六人，壹与献上三十人，也有人说"生口"指战争的俘虏。如果这个说法成立，那么在倭国建立时，岛内就发生了大规模的战争。

倭国大乱后共同拥立的卑弥呼

据《后汉书》，在汉桓帝和汉灵帝期间，即公元一四六年至一八九年，倭国大乱。《魏志》中写道：

其国本亦以男子为王，住七八十年，倭国乱，相攻伐历年，乃共立一女子为王，名曰卑弥呼。

组成倭国的各国共同拥立的就是女王卑弥呼。拥立卑弥呼后面再讲，这里先从考古学探明的高地部落的角度来看一下倭国大乱的一个侧面。

弥生时代中期和晚期，包括濑户内海周边在内，在从九州到关东地区的山顶和高地等视野开阔的地方出现了高地部落；与环壕部落一样，其周围挖有具有防御功能的壕沟。在山顶等地建立部落并非日常生活所需，而是有特别的意图。这很有可能是倭国各地出现了引发军事冲突的政治性紧张局面，或许跟"倭国大乱"有关。

从西日本高地部落多这一点来看，九州北部和近畿地区的政治势力之间可能发生了纷争。因此可以推测，部分高地部落是"倭国大乱"时建立的。考古学的发掘调查将

高地部落（大阪高槻市的古曾部芝谷遗迹，二世纪）

这些部落展现在了世人面前。

在这样的军事和政治的紧张关系中，女王卑弥呼被共同拥立出来；卑弥呼之后，卑弥呼的宗亲之女壹与（也作臺与）即位。为什么女性国王会被拥立出来呢？

《魏志》中写道，卑弥呼"事鬼道，能惑众"，是个巫师类型的女性。多数人认为正因为卑弥呼具有这种宗教性格，所以被拥立为倭国王。这种观点高度强调古代政事中祭祀的重要性，但是我们还是先不要急于下结论。

卑弥呼死后，壹与被拥立为倭国王。关于此事，《魏志》中记载："更立男王，国中不服，更相诛杀，当时杀千余人。"跟卑弥呼即位时一样，先是要立男性国王，但是各国不接受，导致战乱，于是不得不让十三岁的壹与即位。这就是说，是性别因素而非宗教原因决定了即位人选。换言之，只有以拥立女王的形式，才能保持倭国的联合。所以，解开拥立女王之谜的关键，须从壹与的即位着手。

接下来的问题是，拥立女性为王的理由是什么？我们还是从史料《魏志》来看。卑弥呼"年已长大，无夫婿，有男弟，佐治国"。卑弥呼终生未婚，之后的壹与可能也未婚。这样看来，拥立女王的重点是不让其生子，各国不愿意国王由男系来继承。

按《梁书》记载，壹与之后的国王是男王。尽管《梁书》的可信度不高，但是在三世纪的倭国，女王确实只持续了两代。

卑弥呼是倭国女王

多数读者可能认为卑弥呼是邪马台国的女王，即使在古代史学界，也有众多人持这一说法。然而中国史研究者西岛定生认为，"据《魏志》，卑弥呼是倭国女王，而非邪马台国女王"（《邪马台国与倭国》）。邪马台国是卑弥呼居住地的国名。确实如此，《魏志》并未写明"卑弥呼是邪马台国女王"，只能看出其是倭国的女王。作为倭国联合体中的大国，以前的邪马台国王对外可能都是以倭国王的身份出现，然而由各国拥立的卑弥呼是作为倭国王即位的。西岛的观点为邪马台国论争提出了新的论点。

有人指出卑弥呼有两张面孔，一张是代表倭国与魏国交涉的"亲魏倭王"的文明面孔，另一张是作为巫师的未开化的女王面孔（石母田正《日本的古代国家》）。但是卑弥呼被描述为"自为王以来，少有见者"，即位列倭国王以后，成了"不见"的王。因有"拜假"会见魏国带方郡派遣的使者，在对外交涉的场合现身。在原始王朝制度下经常有"不见王"的存在，卑弥呼正是作为这样的一位国王不现身影。

魏国授予卑弥呼的"亲魏倭王"称号是超出当时倭国实力的高级别称号。依据"当在会稽东冶之东"的描述，倭国的位置在魏国的敌对国吴国的东方海上。基于这样的地理认识，出于对吴国外交政策的需要，魏国给了卑弥呼以高级别待遇。

作为卑弥呼居住之所，可以见到"居处""宫室""楼观""城栅"的名称，其各自的规模尚不清楚，但可以确定是环壕部落发展而成、兼有防御设施的城塞，这些景观以后会展示。女王有千名侍女伺候，只有一名男子传递饮食、出入居所。如"有男弟、佐治国"所述，处理政务的卑弥呼的弟弟，作为对马国、末庐国、伊都国、奴国等联合体的盟主，辅佐治理倭国。

与此倭国联合体对抗的是狗奴国，其国王是名叫卑弥弓呼的男子。公元二四七年，卑弥呼与狗奴国开战，向魏国带方郡派遣使者寻求支援，魏国派遣下属官授予诏书和黄幢（黄色的竖旗）激励将士。由此可见，魏国对邪马台国具有很强的政治影响力。

邪马台国的所在地 今天日本全体国民所关心的焦点是有关邪马台国所在地的争论。面对这种急躁情绪首先需要弄清楚的是"邪马台国"的读音。我们一般读为"Yamatai Koku"，其实正确的读音应该是"Yamato"或者"Yamado"（《岩波古语辞典》补订版）。

关于列入邪马台国所在地候补名单的地区，众所周知有"九州说"和"近畿说"（奈良县大和地区可能性较大）。有部分学者采用"畿内说"，但"畿内"意为"包含京城在内的天子直辖地"，并且已经存在于近畿地区，那么邪马台国位于畿内是不言自明的。在此，我们认为作为地区名称，有必要使用"近畿"。另外，按照前面的读音，因为与"大和"①发音相同，所以近畿说更有利。

按照地域分布，东京的古代史学者主张九州说，京都主张近畿说，考古学则认为近畿说更可靠。我在学生时期也主张九州说，这并非因为"学阀"的意识，而是受了大学古代史教育的影响，但是现在并不一定要依照这一格局来思考。由于有了吸收考古学研究成果的弥生时代观，现在的我更倾向于近畿说。只要不出土"亲魏倭王"等文字史料，邪马台国的所在地是无法彻底查清的。如果"亲魏倭王"印章在九州出土，问题就解决了；但是假如在近畿地区出土，那么又会有人主张印章是从九州转移到近畿的。

根据《魏志·倭人传》的描述，南方的邪马台国位于中国台湾东边远处的海上，相当于吴国的东边，这也是正与吴国对抗的魏国重视邪马台国的原因之一。然而日本

---

① "大和"日语发音为 Yamato。——译者注

表3 至邪马台国里程图

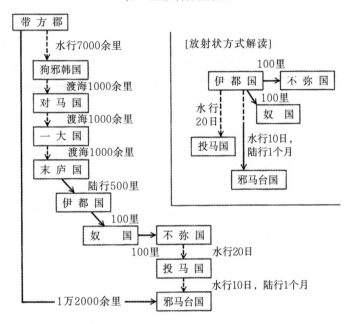

列岛由九州向东北方向延伸，呈弓形，如果按照《魏志》的描述来解读，邪马台国就是位于海上了。因此，如果将"南"的方向改为东的话，就可以按照表3《至邪马台国里程图》所示的放射状方式解读，但首先需要明确《魏志》的地理观念。

近年来的研究趋势逐渐脱离方向和距离的问题。当今，有关王权论为代表的社会集团、刑法和习俗等方面的研究是《魏志·倭人传》的研究热点。考古学方面，从对弥生时代的全面研究来讨论邪马台国的研究者正在增加。

奈良县樱井市的缠向遗迹是近畿地区值得关注的一处，该遗迹邻接最古老的大型前方后圆坟箸墓古坟。而在此前方后圆坟出现之前，缠向石冢古坟（全长93米）等所谓的"缠向型前方后圆坟形制"的弥生坟墓就建于该地。也有研究指出，其建造时期可追溯到三世纪中叶至前叶（根据箸墓古坟为三世纪末的理论，即为三世纪后叶）。

缠向遗迹是在中心部落衰败后的三世纪初突然出现的，在此出土了运河与水道等大型人工设施，以及从濑户内海西部至关东各地的土器。另外，在吉备出土了先进的特殊器具等，其性质不大可能只是单纯的"农村部落"（寺泽薰《大和政权的诞生》）。如果把这些遗迹考虑在内，近畿地区作为候补地区就比较合适了。但这仅仅是候补地区之一，必须谨慎看待。

毋庸置疑，探明邪马台国并非研究者的专属任务，谁都可以自由发表意见。各位读者不要拘泥于"学阀"，要做到自由思考，同时要按照学术的规范来探讨问题。

从铜镜看邪马台国　　　我们从铜镜来看一下考古学角度的某些邪马台国理论。卑弥呼于景初三年（239年）收到了金子和五尺刀，一起的收到还有"铜镜百枚"。女王将这些物品展示给倭国人，以示魏国天子的怜爱。这种被认为是魏镜的铜镜在各地古坟中均有出土。

其中有刻有"景初三年"铭文的神兽镜，例如大阪府和泉市的黄金冢古坟出土的画文带神兽镜，岛根县的神原神社古坟出土的三角缘神兽镜（见本章篇章页）。

邪马台国时期进口的铜镜在古坟中被发现，是这些铜镜由首领传承后被作为陪葬品的缘故。基于这样的事实，很多考古学研究者认为"铜镜百枚"中包括了三角缘神兽镜。

但是迄今为止三角缘神兽镜已经发现了约四百面，从数量上来说，这些不可能全部都是魏国制造并送给卑弥呼的。因此，出现了两种说法，一种认为古代的三角缘神兽镜是魏镜，另一种认为三角缘神兽镜是倭国产铜镜。最近还有人提出，包括据说在倭国生产的仿制镜，都是中国产铜镜。

要解决这个问题，目前来看并不容易。这是因为中国尚未出土过三角缘神兽镜，只出土过三角缘神人车马画像镜（冈崎敬等《邪马台国论争》）。关于这一事实的解释产生了分化。虽然也有意见认为铜镜是魏国专为倭国制作的特铸品，但是在制作国却从未出土过，这一点让人难以理解。

此外，在京都府福知山市的广峰十五号墓中出土了魏国年号中不存在的"景初四年"铭文的铜镜，辰马考古资料馆藏的斜缘盘龙镜也认定其为同范镜（用同样的模具铸造的铜镜）。虽然有可能是预先制造的，但是这很不具说服力。

单从三角缘神兽镜的数量来看，即使当时进口了一倍以上也不足为怪，考虑到其特殊物品的性质这个数量则过多。一九九七年奈良县天理市的黑冢古坟（古坟时代初期的前方后圆坟）出土了三十三面三角缘神兽镜，震惊了世人（1998 年 1 月公布）。这些铜镜被摆放在木棺的外面，木棺内棺头部摆放着画文带神兽镜。这一次，画文带神兽镜的位置更受重视，这一现象有利支持了铜镜产于倭国的学说。不过，中国也出土过与三角缘铜镜和三角缘神兽镜高度相似的图案，因此也可以承认古代的三角缘神兽镜中包括了魏镜。

我们希望重视的是三角缘神兽镜的同范镜问题。根据表示各地出土的三角缘神兽镜同范关系（也叫分有关系）的图表，其中心是近畿地区。这说明分配三角缘神兽镜的人在近畿地区。如果是各地的首领各自分别进口，这样的偶然性不可能反复出现。即使是仿制的三角缘神兽镜，结果也一样（小林行雄《古坟文化论考》）。这意味着进口中国铜镜并模仿制作的作坊中心在近畿地区，由近畿向各地首领配发。即使三角缘神兽镜是倭国产铜镜，这种分配关系也不会改变。

以上是从铜镜的角度来观察邪马台国理论，如果从弥生时代的遗迹分布及其陪葬物品来考察的话，可以认为弥生后期的近畿地区在包括外交在内的政治权力方面是凌驾于九州之上的。

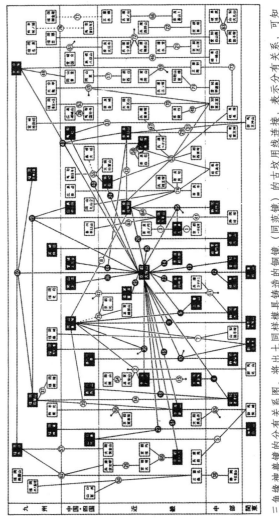

三角缘神兽镜的分有关系图。将出土同样模具铸造的铜镜（同范镜）的古坟用线连接，表示分有关系，可知分配铜镜的中心在近畿地区（小林行雄绘图）

第三章　大和王权

稻荷山古坟出土的金错铭铁剑整体（右）及其
放大图（左）

1. 大和王权的建立

最古老的大型前方后圆坟　三世纪后叶早期，日本列岛出现了按照固定形制规划建造的前方后圆形古坟。与各地具有地方特色的弥生坟丘墓不同，前方后圆坟是具有全国统一性的古坟。奈良盆地东南部樱井市的箸墓古坟被认为是最古老的前方后圆坟。

箸墓古坟全长约二百八十米，后圆部直径达一百五十六米，让人联想到其与卑弥呼墓的关系。卑弥呼殁于二四八年左右，《魏志》中记载道："大作冢，径百余步"。也就是说卑弥呼墓直径约为一百五十米。因此，有人推测最古老的箸墓古坟的后圆部就是卑弥呼墓，甚至还有说法认为在圆坟（后圆部）建造完成后才附设了前方部。

因为箸墓古坟由宫内厅管理，所以不能对坟丘部进行调查。但相关部门对于官内厅指定区域之外的前方部和后圆部周边进行了发掘调查，结果表明，箸墓古坟从一开始就是作为前方后圆坟规划建造的。因此，单从后圆部的规模推测其为卑弥呼墓是错误的。箸墓古坟的建造时期约为三世纪后叶。

《日本书纪》中有描述，"是人者，日也人作，夜也神作"，"故时人号其墓，谓箸墓也"（《崇神纪》）。今天仍有"箸中"这样的地名留存下来，古坟名就是继承了这样的传说。这样的传说也非常符合祭祀色彩浓厚的前期古坟。

在箸墓古坟的坟顶，发现了吉备地区频繁出土的特殊器具和特殊壶形的陶俑。这意味着此地采纳了吉备地区的丧葬礼仪。换句话说，在大和地区最古老的前方后圆坟的丧葬礼仪中有吉备地区首领的参与。在前方后圆坟出现的背后，我们可以看到大和地区和吉备地区首领的政治联合的影子。

现在，几乎所有的古坟都长满了繁茂的树木，从近处观察，钥匙形状的前方后圆坟反而看不大清。古坟建造时，大多盖上石块，墓中放满陶俑。因为建造古坟需要大量的劳动力，其规模可显示执行丧葬礼仪的首领的政治权力和经济实力。每座古坟都有坟丘部，以向世人展现建造者的政治权力。此外，形制固定的古坟建造，也意味着对某种政治秩序的参与。从这个意义上来讲，我们可以把古坟与政治和政权结合起来进行考察。

从考古学看大和王权论

目前的教科书和考古学研究，多数从可视的古坟来构建王权论。这样的研究方法有以下两个前提：第一，前方后圆坟的建造意味着大和王权的建立；第二，古坟的建造地点是大和王权的中枢。那么，这两个前提是否已经在学术上得到了证实呢？

巨大的前方后圆坟很有可能是倭国王的墓。但这些是指分布在大和及河内，并在《古事记》和《日本书纪》（以下或简称《记纪》）中记载了王墓传说的古坟，像坟墓长度居全国第四的造山古坟（长360米，冈山市）和全国第九的作山古坟（长286米，冈山县总社市），就不属于这一类。如前所述，在吉备地区建造这样的古坟，与大和地区和吉备地区的政治联合有关，表明这两个地区已经纳入大和王权的政治体系之中。这是因为建造统一的前方后圆坟所体现的丧葬礼仪的实施与大和王权密切相关，这一点也与以大和地区的首领为顶峰的政治秩序有关。

所谓王墓传说，是依据《记纪》中的记载将首领视为"天皇"来讲述的做法。古坟时代还没有"天皇"这一称谓，而在《记纪》中作为"天皇"来描述的人物，就成为国王的候选人。我们在此谨慎地采用"候选人"这一说法，这是因为有的人物尽管在《记纪》中没有"天皇"的"身份"，但在《风土记》等中已经被记载为天皇（倭武天皇）。至少这样的王墓传说是必要的。从这个意义上讲，不能把大和王权的建立和《记纪》的传说分开论述。此外，最古老的前方后圆坟也不一定有王墓传说。其实，箸墓古坟是阙史八代（见 105 页）"孝灵天皇"之女、大物主神之妻倭迹迹日百袭姬之墓。

接下来是关于建造地点的问题。对王权的中枢来说，作为政治中心的王宫是很合适的。古坟是国王死后的居所，王宫是其生前的居住地。被称为"奥津城"的古墓的选址，可能是基于对出生地及对外关系等政治意图的考虑等。如第二章所述，弥生时代环壕部落首领们的居所与坟丘墓挨得比较近。但是古坟时代地方首领的居所（权贵居所）选

102

址都远离一般的部落，古坟也是在其他地方建造。那国王的情况又是怎样的呢?

崇神以后的王宫和王墓的所在地如表4所示。

表4　王宫和王墓所在地（据《古事记》）

王	王　宫		王　墓	
10　崇神	大和	矶城	大和	山边
11　垂仁	大和	矶城（缠向）	大和	菅原
12　景行	大和（他）	缠向（志贺）	大和	山边
13　成务	他	志贺	大和	佐纪
14　仲哀	他	穴门、筑紫	河内	惠贺
（神功）	大和	磐余	大和	佐纪
15　应神	大和（摄津）	轻岛（难波）	河内	惠贺
16　仁德	摄津	难波	河内	百舌鸟
17　履中	大和	磐余	河内	百舌鸟
18　反正	河内	丹比	河内	百舌鸟
19　允恭	大和	远飞鸟	河内	惠贺
20　安康	大和	石上	大和	菅原
21　雄略	大和	长谷	河内	丹比
22　清宁	大和	磐余	河内	坂门原
23　显宗	河内	近飞鸟	大和	片冈
24　仁贤	大和	石上	河内	丹比
25　武烈	大和	长谷	大和	片冈

*数字表示即位顺序。括号中是《日本书纪》的不同记载。

到了五世纪几乎都可以确认国王的实际存在，倭国王的王宫和王墓曾出现过分开建于奈良和大阪的情况。即使同在大阪，也是王宫在难波（大隅宫、高津宫，后来的摄津国西成郡、东生郡）、丹比（河内国丹比郡）、近飞鸟（河内国安宿郡），王墓在百舌鸟（河内国大鸟郡，百舌鸟古坟群）、惠贺（河内国志纪郡，古市古坟群），两者相距较远。古坟的选址绝对称不上是政治中心。所以，从王墓的所在地来讨论王权的中心是不可取的，因为政治的中枢在王宫。

关于王宫的研究开展起来有很多困难，因为七世纪以前的王宫遗迹还没有在考古调查中得到证实。文献史料中只有使用"王宫"名称（包括地名）的部民制的名代、子代（参见 136 页）可以作为研究的线索。例如，住在磐余稚樱宫的履中天皇的伊波礼部、住在丹比柴篱宫的反正天皇的蝮部等，但最终还是要依据考古调查找到王宫的遗址才行。而目前对于古代王宫遗迹的考古调查几乎没有进展，完全不能与已经在地面展现雄姿的古坟调查相提并论。以上都是进行王权论研究的方法论上的问题，对于学术观点的确立至关重要。

"始驭天下之天皇" 　　下面从《记纪》中记载的"天皇"①来探讨一下大和王权的建立。《记纪》中记载的第一代天皇是"神武天皇"，但是从"首次统治这个国家的天皇"意义来看，奇怪的是被称作"始驭天下之天皇"的有两位。《古事记》记载的是崇神天皇（第十代），《日本书纪》记载的是神武天皇（第一代）和崇神天皇，两书相同的"初代天皇"不是第一代的神武天皇，而是第十代的崇神天皇。关于神武和崇神之间的八位天皇的描述中，没有留下与政绩和王位相关的传说（书中称为旧辞）。因为缺乏历史记载，所以这个时代被称为"阙史八代"。这些天皇实际上可能也不存在。

　　这样考察下来，根据《记纪》可以推断实际存在的"初代天皇"应该是名为"御间城入彦"的崇神天皇。而另一位神武天皇实际并不存在，可能只是作为联结神话世界的大和王权始祖而被神圣地创造出来的国王。此外还需要关注的是，对神武和崇神所用的"始驭天下之天皇"的

---

① "天皇"的说法始于七世纪后叶天武朝，而"神武""崇神"这样的汉风谥号是在八世纪后叶才出现的。直到七世纪前叶都还没有天皇的说法，因为使用真名难以理解，所以本书为方便起见使用了天皇的说法。

描述方法。

关于崇神天皇，《古事记》的描述为"知初国御真木天皇"，《日本书纪》描述为"御肇国天皇"（"御肇国"意为作为天子开国），《记纪》中称统治对象为"国"。另一方面，《日本书纪》称神武天皇为"始驭天下之天皇"，使用了"天下"的说法。第一代国王的统治范围，再大也就是近畿地区，再夸张也不会超出"大八洲国"的日本列岛。因此，作为第一代国王，还是使用"国"的说法比较合适。"天下"的说法恐怕是后世为了呼应"御宇天皇"的说法而加以润色的，因为"御宇天皇"的统治理念即为支配宇内（天下）。

那么大和王权是什么时候建立的呢？探寻的线索就是被推断为第一代国王的崇神的在世时间。但是很遗憾，该时期的史料非常匮乏。能推定时间的考古学资料也只有崇神的王墓。崇神陵据推断是行灯山古坟（全长 242 米的前方后圆坟，位于奈良县天理市），建造于四世纪前叶，因此大和王权可能是在进入四世纪以后才建立的。需要注意的是，崇神的王墓并不是最古老的古坟，在固定形制的前方后圆坟出现一段时间之后，"初代天皇"的王墓才开始

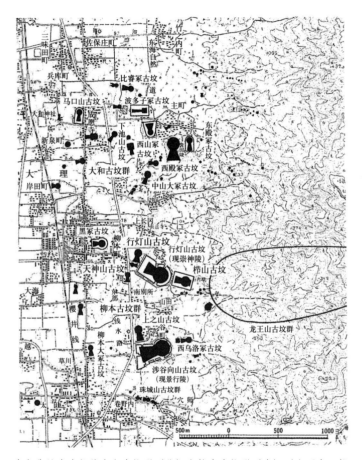

奈良盆地东南部的大和古坟群（北）和柳本古坟群（南）（白石太一郎绘图）

建造。

　　根据最近的研究，位于奈良盆地东南部的大型古坟，是按照"箸墓古坟→西殿冢古坟→行灯山古坟（崇神陵）→涉谷向山古坟（景行陵）"这一顺序建造的。在被认定为"初代天皇"王墓之前，大型的前方后圆坟已经出现。从这一点来看，前方后圆坟的出现与大和王权的建立时间显然并不一致。

　　从上述过程来看，大和王权是在最古老的大型前方后圆坟建造数十年之后才建立的。初期的大和王权也采用了原有的前方后圆坟这种统一规划的坟形。也就是说，大和王权的首领是从建造前方后圆坟的势力中产生，并成为这一联合势力盟主的。我们把在大和王权建立之前以前方后圆坟为共同标志的政治势力称为"前大和王权"。将来随着前大和王权的古坟调查不断深入，应该就能找到大和王权诞生的关键。在这之前，我们仅作原理性的说明，即由于前大和王权的政治矛盾，建立了《记纪》所描述的大和王权。

谜之四世纪　　在中国的正史中,《魏志》记载了三世纪的邪马台国,《宋书》记载了五世纪的倭国五王,但是却没有四世纪大和王权诞生时倭国的相关记载。其原因可能是四世纪的中国正处于五胡十六国时代,国内分裂,疏于外交。在中国史书中看不到记载的倭国四世纪被称为"谜之四世纪"。

《宋书》记载的倭国五王之前,倭人出现在外国史料中是在四世纪末,那就是曾为高句丽国王的广开土王的墓碑。碑文的内容将在后面第 2 节论述,这里从《记纪》中记载的王宫和巨大的前方后圆坟的选址来探讨初期大和王权的特征。

从表 4 王宫和王墓所在地表(103 页)几乎可以确定,应神以后真实存在的天皇,都把王墓建在大阪。"河内惠贺"属于古市古坟群(大阪府羽曳野市和藤井寺市),"百舌鸟"属于百舌鸟古坟群(大阪府堺市)。古市古坟群建在羽曳野丘陵的北边,该丘陵在石川的西边绵延伸展,而石川流经奈良县向西汇入大和川。该古坟群有六座二百米以上的大型古坟。百舌鸟古坟群位于堺市百舌鸟平原的高地上,有最长的大仙陵古坟(仁德陵,全长 486 米),据

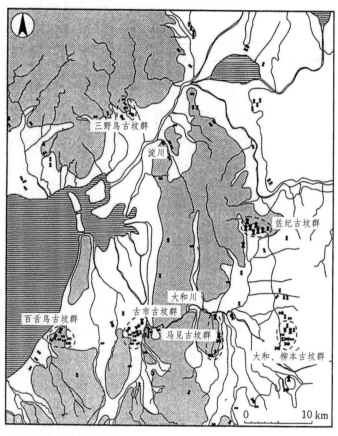

近畿地区中部的古坟分布

说当时可以从茅渟海（大阪湾）望到。

现在官内厅所指定的天皇陵古坟有很多的疑点，原因是官内厅不肯参考考古学研究的最新成果。其管理的天皇陵古坟，不用说发掘，甚至连地表调查都做不了；而且还有因错误的指示而被发掘的文武陵（中尾山古坟，符合天皇陵形制的八角坟）这样的例子，需要借助快速进步的考古学研究，再次进行鉴定。且按下不表。到了四世纪，巨大的前方后圆坟转移到了大阪，但是王宫多数仍然建在奈良。应该怎样理解这种现象呢？

还从没有任何文献史料和考古学痕迹传达过初期大和王权被河内政治势力打败，后来"河内王朝"诞生的信息。考古学者近藤义郎也指出，初期大和王权可能是出于政治意图，将王墓建在大阪（《前方后圆坟的时代》）。这一政治意图是指对于中国大陆和朝鲜半岛的强烈关注。近藤认为大阪的各部族服从于大和王权之后，开始建造巨大古坟，但在对外交流上，大阪是比大和地区更重要的选址地点。由于大阪的政治和经济基础还不成熟，所以王宫还是不得不回到大和地区。

《日本书纪》中记载，应神天皇"天皇在孕，天神地祇，授三韩"，讲述应神天皇在其母神功皇后腹中进行了新罗征讨，所以其生来就注定要统治新罗。故事虽然是虚构的，但是应神天皇将王宫迁到大阪，并在古市古坟群建造王墓，应该是出于对中国和朝鲜先进文化的强烈渴求。

2. 大和王权的海外扩张

广开土王碑文　高句丽第十九代国王广开土王（好太王）的碑文是记载四世纪末倭国对外活动的珍贵史料。该墓碑是其子长寿王为了颂扬父王功绩于四一四年修建的，位于鸭绿江中游的城郊（今为中国吉林省集安市）。该墓碑是为了纪念广开土王的领土扩张而修建的，碑文记载为"铭记勋绩，以示后世"。墓碑为角砾凝灰岩的方柱（宽 1.5—1.9 米，高 6.3 米）。

碑文内容分为三段：从高句丽始祖邹牟王到广开土王的王道统治的记述；从三九五年（永乐五年）到四一〇年（永乐二十年）间广开土王领土扩张事迹的编年体描述；守护广开土王墓的规定及遗训。第二段编年记述中提到倭国多达四处，分别是三九六年（永乐六年）、三九九年、四〇〇年以及四〇四年。

墓碑是一八八〇年发现的，一八八三年在参谋本部任职的炮兵中尉酒匂景信将其拓本带回日本，之后在参谋本部对其进行解读和研究。曾经有人提出过耸人听闻的质疑，说有事实表明参谋本部将碑文调包，或为了掩盖调包而用了石灰涂抹的手法。为了将拓本做得清晰需要使用石灰是事实，那个时期的拓本（石灰拓本）都粘有石灰。我自己也曾

水谷悌二郎旧藏的广开土王碑拓本（部分）

参与过宫内厅书陵部藏品的"石灰拓本"调查。

　　后来经过朝鲜史研究者武田幸男和中国研究者徐建新等人的努力，采用涂抹石灰的拓本之前的"原石拓本"的研究不断进步，碑文研究均以原石拓本为基础进行。到目前为止，已发现十三种原石拓本。广开土王碑除了经受石灰涂抹之外还被风化，其表面如今已伤痕累累，无法解读其内容。距今百年之前的优秀拓工采拓的原石拓本成为珍贵的史料。

**活跃在三九六年的
广开土王**　三九六年（永乐六年），广开土王亲自率军南下，与百济军（碑文中蔑称为"百残"）交战，攻下五十八座城池和七百个村落，将领土扩大至百济王都所在地首尔附近的汉江。碑文将广开土王亲征的理由作为前言，其中提到了倭国。

　　(a)百残、新罗，旧是属民，由来朝贡。(b)而倭以辛卯年来渡□破百残□□新罗，以为臣民。

这篇碑文的目的在于说明广开土王之所以与百济军直接开战，因为当时发生了有损高句丽国家利益的恶性事件。史料只需如实解释这一事件就行。

百济和新罗原本是高句丽的属民，两国都向高句丽朝贡。如果 (a) 所记载的朝贡关系继续保持，就没有理由进攻百济，但当时高句丽与两国的外交关系发生了变化。因此,(b) 用"而"这一转折词开头。倭国在辛卯年（391 年）过河，与百济和新罗之间发生了某一事件（从"破"字来看，应该是战争击破两国），将百济和新罗变为倭国的臣民。因此，广开土王才亲自率军攻打原本是自己属民并向自己朝贡的百济。

从该碑文为颂扬广开土王领土扩张的功绩这一性质来看，只能这样来解释文意。但这也有可能是站在高句丽的立场，将领土扩张的理由作了夸大说明，并没有客观陈述与百济的外交关系。但不管怎样，"倭国"是在这样的语境中被提到的，近代日本的参谋本部官员丝毫没有必要将其调包。

碑文中还记载了三九九年（永乐九年）百济违背约定与倭国私通。倭国与百济的这种外交关系在十二世纪中叶朝鲜编纂的《三国史记》中有相关记述,《百济本纪》中阿莘王六年（397年）条目中可见"（百济）王结好倭国，以太子腆支为质"。虽年份略有出入，但在百济的史料中也有关于提供人质的描述。这意味着百济对倭国是从属性外交，是表明倭国与百济之间外交关系强化的史料。广开土王碑中反应的倭国与百济的关系大致如上。

由此可见，四世纪末倭国就已经在朝鲜半岛进行军事扩张，并展开了将百济属国化的外交。

倭五王

倭国自二六六年以来中断的对中外交，于四一三年以向中国南方的东晋进献方物得以再次开启，这是时隔一百四十七年的使臣派遣。四二〇年，宋建国取代东晋，中国迎来南北朝时期。

宋建国翌年，倭国王倭赞很快便向宋朝派遣使臣。在进行外交往来时，倭国王效仿高句丽，以倭国国名"倭"为姓，个人名记为"赞"，自称倭赞。倭赞现推断为履中天皇，也有可能是仁德天皇。通观倭国及日本各时代，王家使用姓名只有五世纪的倭国五王时期。因为在册封关系中，国王必须用姓名表示。在中国看来，只要倭国王自称

"倭"姓，这一族便是父系的同一氏族，帝纪中记载济为"倭王倭济"即是如此。

倭赞之后，倭国土每次换代便向宋朝派遣使臣，接受任命。由于皇帝向官员下达命令的文书叫册书，皇帝下发册书封王，二者故称册封关系。任命之时，会问及倭国王与前任的血缘关系并加以记录。如此，五位倭国国王的系谱得以复原。

不知为何，珍和济的血缘关系信史中并没有记录，后来编纂的史书《梁书》记载其为父子关系，但《梁书》的可信度不高。也有人只按照《宋书》记载，提出存在"赞·珍"和"济·兴·武"两个王族。但是如前所述，中国方面认为倭国王都是倭姓，属于

下段系谱出自《日本书纪》

118

同一个父系氏族，所以两个王族的理论无法成立。

　　关于倭国五王在《记纪》中对应哪位天皇，目前有多种不同的说法。随着埼玉县行田市的稻荷山古坟铁剑的出土，命名方式也得以明确。"Oho Hatsuse-no Waka Takeru"（住在长谷宫的幼武：雄略天皇）的真名为"获加多支卤"，从"Takeru"的谐音用了寓意恰切的"武"字。同样的命名方式也见于"Tadihi-no Midsuhawake"（住在丹比宫的瑞齿别：反正天皇）的"珍（Midsu）"的谐音。能够明确对应的就是这两位国王，其他如果推测的话如后页图所示。

　　遗憾的是无法确定珍和济的关系，《梁书》记载二人为父子，《日本书纪》记载二人为兄弟。

对宋外交的意图

　　倭国王的外交方式就是先决定自己的称号，然后谋求宋朝皇帝的承认。例如，珍就自称"使持节、都督倭·百济·新罗·任那·秦韩·慕韩六国诸军事、安东大将军、倭国王"，但是中国只授予其"安东大将军、倭国王"的称号。倭国出于更有利于推进朝鲜外交的目的而请求授予将军的称号，但是宋朝与高句丽和百济也有册封关系，所以没有同意倭国的请求。

四五一年，宋朝首次将"使持节、都督倭·新罗·任那·加罗·秦韩·慕韩六国诸军事、安东将军、倭国王"的称号授予倭济。该将军称号主张对倭以下的国名、地名地区进行军事统治，"都督"与"诸军事"等词语表示对一定地域实行军事统治的官员之意。

但是，宋朝并没有认可倭国要求的"百济"之名，而是用"加罗"（与"任那"同义）代替，这反映出宋朝对满足六国数字的政治考量。当时秦韩（辰韩）和慕韩（马韩）已不复存在，只是作为倭国对新罗和百济地域的军事统治的根据提出。如果把广开土王碑文上倭国将百济和新罗作为"臣民"这一记载作为前提，很容易理解其意图。对史料的研判固然重要，但倭国对朝鲜半岛的扩张是无可否认的事实。

然而，倭国向中国请求册封的不仅是倭国王的称号。

四三八年，王族倭隋一行十三人请求平西将军和征虏将军的称号并得到了认可。平西将军是都城以西，有关西日本统治的将军称号。四五一年有二十三人被任命为"军郡"。"军郡"一词较难理解，有可能是指除将军称号（军字）之外，与某种地域统治"郡"相关的官职。

倭国国内的将军称号也采取先由倭国王授予再由中国任命的方式。也就是说，包括部下的官员都统一纳入到了宋朝册封关系的体系中。这样的政治状况尽管体现了倭国王对于国内统治的弱势，但反过来，由于有中国为后盾又可转化为强势，外交权的掌握巩固了自倭国王而下的阶层秩序。

五世纪巨大的前方后圆坟不仅在大和、河内（包括和泉）地区，甚至连吉备都建造过，从中我们可以推断大和王权的政治秩序和册封关系。倭国王还不一定处于突出的政治地位，日本列岛的政治统一，还需要能使吉备首领们服从的首领联合体。

3. 获加多支卤（武）时代

武的上表文 　　四七八年，武继承兴，向宋顺帝呈上上表文。上表文以"封国偏远，作藩于外"开头，用词典雅，以此推之，可能是外来的文书参照中国古籍书写的。引文中的"藩"指"篱笆"，意为中国边远之处像篱笆一样的朝贡国；而倭国与宋缔结了君臣关系，在外藩国的位置恰与篱笆相似。

武在上表文中自授"开府仪同三司"的地位，其他部下亦假授称号。宋并没有答应其开府仪同三司的要求，只授予其"使持节、都督倭·新罗·任那·加罗·秦韩·慕韩六国诸军事、安东大将军、倭王"的称号。

"开府"指开办府衙安置部下，"仪同三司"指待遇与三公（当时指太尉、司徒、司空的职位）相同。倭国此

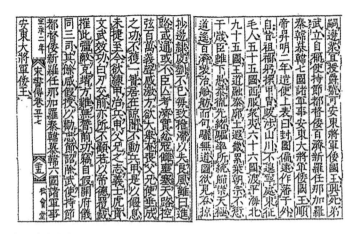

倭王武的上表文（和刻本《宋书》）

时仍与高句丽对抗，对于自称"安东大将军"的倭国王来说这是梦寐以求的。"开府"一词中包含了倭国王创设"官职制度"的决心，这一点应予认可。因为在《宋书》中，四二五年有司马（名曹达）这一官职名，四三八年和四五一年可见前述诸将军称号。

　　倭国五王时期有实施称为"府官制"的"官职体制"的强烈愿望，该体制估计主要是军事官职为多，包括军官之司马一职。但鉴于当时与强国高句丽的对抗意识强烈，也有可能是出于大国意识的身份标志，如果将其认为是付诸实施的官职制度，那就错了。五世纪金石文上的"杖刀人""典曹人"等官职名，一定程度上印证了该事实。

接下来，我们从这些日本列岛的同时期史料来探讨五世纪的大和王权。作为前期准备工作，我们先探讨一下文字史料的性质。

五世纪的文字史料 目前为止，五世纪在日本列岛制作的文字史料一共发现了三份。最古老的是千叶县市原市的稻荷台一号坟出土的铁剑。铁剑上镶嵌有以"王赐"开头的文字（以下称王赐铭铁剑）。解读文字正面为"王赐□□敬□"，背面为"此廷□□□□"。从"王赐"一词可知，这是"王"对有功之人"赐予"的御赐刀；背面的文字应该是拥有此刀能带来好运之类的吉祥话。

稻荷台一号坟是五世纪中叶建造的古坟。这个时期倭国王从宋获册封"倭国王"的同时，也已经自称为王。"王"字本身就有倭国王的意味。

埼玉县行田市稻荷山古坟出土的铁剑上用金子镶嵌了

一百一十五个文字（金错铭铁剑），铭文中记载有干支"辛亥年"，这应该是基于宋朝元嘉历的干支。从古坟出土的须惠器的年代来看，辛亥年为公元四七一年。铭文中镶嵌有"获加多支卤大王"，是《记纪》中所见的雄略天皇标记"Waka Takeru"。铭文记载了以意富比垝（大彦）的后代乎获居为杖刀人头领，世世代代服侍王的事迹。

稻荷山古坟的金错铭铁剑的出土，还判明熊本县菊水町的江田船山古坟出土的大刀铭（银错铭大刀）所见的"治天下获□□□卤大王世"，指的也是获加多支卤。该银错铭大刀上还记载有典曹人无利弖侍奉的字样。在表示年代的"获□□□卤大王世"中出现了"Waka Takeru"的名字，因为与金错铭铁剑的字形相似，可判定该大刀应该是在大和地区制作的。

两者不仅仅是共同使用了意为侍奉国王的"奉事"一词，还有"杖刀人"和"典曹人"、"左治天下"和"治天下"、"百练利刀"和"八十练"等类似之处。《宋书》中留存的武的上表文也是一份一级史料，关于武就共有三份同时期的史料存在，不能认为这是单纯的偶然。

《万叶集》的第一首和歌是《雄略御制歌》，还有

《日本灵异记》也是以雄略天皇开始的。一般认为，古代贵族认定雄略时期是宣告新时代开始的时期（岸俊男《作为划时代的雄略王朝》）。雄略天皇的时代被认为是划时代的政治时期。

王和"大王"

关于今天仍在使用的天皇称号，有人认为是推古朝、天智朝开始使用的，但我认为其出现时间是在天武朝（672—686年）（《古代天皇的诞生》）。很多人认为在天皇称号之前使用的是"大王"的称号，但是"大王"一词作为正式的称号至今仍未得到证实（关晃《大化改新研究（下）》）。五世纪时称"倭国王"，国内如王赐铭铁剑所见，也是称为"王"。

但是因金错铭铁剑和银错铭大刀上记载为"大王"，部分见解认为，雄略时代由王改称为大王，称号是按照"王→大王→天皇"的顺序更替的。如前所引，铭文中有"大王"。

镰仓时代编纂的《日本书纪》的注释书《释日本纪》中引用了《上宫记》的逸文（非全文，乃摘录其中一部分）。《上宫记》是关于厩户皇子（圣德太子）的书，但逸文中记载应神是"凡牟都和希王",继体是"乎富等大公王",而垂仁是"伊久牟尼利比古大王"。如果大王是正式称号,就不应该出现王、大公王、大王这样的差异。《上宫记》成书时间早于《日本书纪》(一般认为是七世纪末),也有作为史料的可信度。

铭文中确实有"大王"的说法,但是,这是侍奉雄略的杖刀人和典曹人使用的称呼,不是王赐铭铁剑那样的自称。只能说大王是尊称,不是正式的称号。倭国王在国内也使用了中国册封的王称号,但是因为铭文中还可以见到"治天下"这样的词语,所以也不是单纯的王。

八世纪,"治天下"一词在律令法中改用"御宇天皇",解读为"治天下天皇",与"治天下"同解。规定公文格式的《公式令》中,在送给看作藩国的新罗和邻国大唐的文书中写入了"明神及御宇日本天皇"乃至"明神及御宇天皇"这样的语句。由七世纪以前的"藩国"是新罗、百济、高句丽可知,"御宇"一词与统治"藩国"有密切的关系。"御宇"之前的"治天下"理念也是同样的思路。

倭国五王自称"使持节、都督倭·百济·新罗·任那·秦韩·慕韩六国诸军事、安东大将军、倭国王",向宋强烈要求册封,与统治"藩国"有很深的关系。在这种背景下,倭国王号称"治天下之王"。《古事记》中所见"大长谷若建命、坐长谷朝仓官治天下"(雄略段)一句,直截了当地表明了这一点。因此"治天下之王"就相当于之后天皇的国王。

杖刀人与典曹人　　前面《宋书》提到了"府官制",下面利用金石文来探讨一下大和王权的构架。如前所述,稻荷山古坟的金错铭铁剑上有"杖刀人首",江田船山古坟的银错铭大刀上有"典曹人"的名称。杖刀人指"带刀之人",即武官,乎获居为其统领(首)。东国作为奈良时代戍边者的出生地区而有名,杖刀人首领也与这样的东国很相称。典曹人是指"掌管官府的人",可视为文官。

有意思的是,《日本书纪·雄略天皇纪》中也有很多"人"的名称,例如"典马(人)""养鸟人"等,都是中国式的汉语表达。除此之外,还有"舍人""厨人""汤人""船人"等,这些都是表示职务的名称,可能大和王权存在这种称为"人制"的职务机构吧。由于史料不多，详细情况不得而知。

这种"人制"应该是学习当时中国或者朝鲜的制度，后又受到百济部制的影响，转化为部民制。曾经也有学者根据部民制的发展考察"人制"，如"仓人"等，但事实上部民制是在"人制"的基础上展开的。

当雄略的王宫还在斯鬼宫时，杖刀人乎获居曾在宫中建筑（寺庙）侍奉。大概典曹人及"人制"的首领也都从事了宫中的相关工作。遗憾的是五、六世纪的王宫遗迹仍未发掘，王宫的具体结构尚不清楚。但是如群马县三寺Ⅰ遗迹中所见，地方豪族的首领居馆内部有作坊和侍从的设施。王宫的占地面积和建筑物规模可能不同于首领居馆，但是拥有多个廷（官府设施）的结构应该是一样的。

大阪府南部（堺市及岸和田市等）有生产须惠器的大型集中地陶邑窑遗迹群。在东西十五千米、南北九千米的遗迹群中，据说有一千座这样的窑。须惠器的生产从五世纪前叶开始，后叶进入鼎盛期，其产品供销全国各地，多为与大和王权关联紧密的生产园区。虽然没有能够直接表明生产者名称的史料，但很有可能就是《日本书纪》垂仁三年纪中所见的"陶人"。陶邑中有从朝鲜南部的伽耶过来的工人，承担这种须惠器生产的组织体制可能就是"人制"的构架。

4. 氏族的形成与部民制

氏族与姓　　　　　如前所述，倭国五王以倭国的"倭"字为姓，与宋朝缔结了册封关系。但是出于外交的需要，在日本列岛制作的金石文中并未使用倭姓。到五世纪末，有姓者除了倭姓的国王和王族之外，只有曹达（《宋书》）、张安（"银错铭大刀"）等外来系。乎获居（"金错铭铁剑"）与无利弖、伊太加（"银错铭大刀"）等住在列岛的本地人只有名字，并利用汉字的读音标记。

在同期的金石文史料中，六世纪后半叶建造的岛根县冈田山一号坟（松江市）出土的铁剑上镶嵌有"各（额）田部臣"的字样。这里的"额田部臣"是管理名代部民（后述）的氏族，拥有"臣"这一姓氏。这些是最低限度的史料，所以氏族与姓很有可能是五世纪末到六世纪前叶形成的。氏族的形成过程还有不明确的部分，下面从七世纪确定的史实来说明。

有一个学术用语叫"氏姓制度"，用来表示大化革新之前大和王权的政治秩序。该制度是通过大伴、物部、苏我等氏以及臣、连等姓，将氏族纳入政治秩序并进行统治的体系。这里使用了"氏族"一词，但与通过共同祖先的信仰联结的单系血缘团体的通常意义不同，这是以氏为单位的、完全是日本的氏族。

五世纪末之前的倭国社会，除了外来系只有国王一族是有姓者，但是到了氏姓社会，情况就彻底改变了。国王将氏和姓赐予臣下，并

冈田山一号坟出土的铁剑

保留变更权，但国王本人并没有氏和姓。这一新的氏姓制度，一直延续至当今皇室，天皇一族没有姓（氏）。此外我们现在日常使用的姓（氏）几乎都是名字，这是中世纪以后才开始的。

这样，从五世纪的"人制"时期到氏姓社会，经历了巨大的历史转换。那么另外的姓的情况又怎样呢？

稻荷山古坟的金错铭铁剑上可以见到"足尼"和"获居"等相当于后来的姓的文字，但是姓用来表示氏的序列，在氏还未形成的阶段不具备姓本来的作用。金错铭铁剑上的乎获居一族的名字有"比垝""足尼""获居"等多个说法。先不管这些是否真实存在，从每个人类似"姓"的词语的不断变化可知，这并非真正意义上的姓。五世纪的"人制"社会与六世纪的氏姓社会，侍奉王权的体制相同，但是围绕姓和氏的王权与个人在原理上并不同。

氏姓社会　七世纪的氏分为苏我氏那种拥有"臣"姓的臣姓氏族，和大伴、中臣氏那种拥有"连"姓的伴造系连姓氏族。臣姓氏族的氏名表示地名，连姓氏族的氏名表示职务。还有很多氏族无姓，也有不少氏族集团无氏族名，比如与大和王权没有政治关系的氏族集团基本上都没有氏族名。我们先要明确理解拥有氏族名且表现活跃的集团，以及与大和王权没有关系的无氏族名的氏族之间的差异。

其中，连姓的伴造系氏族被称作负名氏，这清楚地显示了氏族的本质。例如中臣氏，就是将"中臣"这一职务名作为氏名，从事协调神与人关系的祭祀工作。中臣氏的氏族中，藤原不比等一系称"藤原朝臣"，掌管祭祀的一系继承"中臣朝臣"的姓，也是出于这一氏族原理（《续日本纪》文武二年条目）。

大伴氏的情况也一样。《万叶集》中大伴家持的一首《喻族歌》唱道："清名应珍惜，心勿堕孟浪。轻绝先祖名，戏言亦失当。勿负大伴氏，男儿应名扬。"[1] 大伴家持这首略带说教语气的和歌中唱出了天皇的要求，即要大伴氏族人做好侍奉"历代君主"的"先祖之职"（从先祖开始的历代职务），展现了负名氏的典型形象。

这首负名氏的歌谣，让人联想到金错铭铁剑上的乎获

---

[1]此处为赵乐甡译文，《万叶集》，译林出版社2002年版，第851页。——译者注

居与获加多支卤大王的关系。铭文中记载了乎获居一族作为杖刀人首领世世代代侍奉国王，由此可知，当时尽管不存在氏族名，但是世世代代侍奉王权这一体制是一样的。也就是说，这种人制的发展产生了负名氏。

到此我们一直强调"人制"与氏姓制度的原理差异，但这只是事实的一半，事实的另一半是我们还必须认识到"人制"和氏姓制度的连续性。"人制"应该是受到了百济的部制等影响而转为部（部民）制，然后产生了氏族制度。下面讨论一下部民的制度。

部民制　　　　　　　　这里有必要说明一下部民制。对此，学界提出过多个不同的学说，教材也将其视为难以理解的领域。部是由"伴"和"部"构成的、大和王权制定的政治社会体制。用大和语言来说，就是通过"侍奉"和"奉献"与大和王权保持统治和隶属关系的团体。这里所说的"侍奉"和"奉献"都是"政事"，即今天我们采用的"政治"一词，如那本了解平安时代政治行政很重要的书——《政事要略》。

"伴"是指在王宫和王子宫中做事、从事各种职务的人。例如清宁天皇的名代白发部中就有"舍人""膳夫""靫负"（《日本书纪》清宁二年纪）等职务名。舍人从事贴身服侍和护卫、杂务，膳夫负责膳食工作，靫负是背负装箭工具（靫）的士兵。"部"是在地方上负责招募为官府做事的"伴"的团体，他们承担做事的费用，贡献物品。在中央和地方统治管理"伴"和"部"的就是"伴造"。像大伴连、物部连、中臣连这样在朝廷担任特定职务的成员是高层的伴造，像忌部首、秦造等是低层的伴造；也有高层的连姓氏族被略去了伴造的区分。

"部"分为三个类别：（1）管理皇宫及王族生活的名代、子代。例如前面提到的白发部和伊波礼部（履中天皇）、蝮部（反正天皇）等。（2）负责维持大和王权的各种职业分派的职业部，有人将此命名为"品部"。例如大伴、物部、忌部、土师部等。（3）豪族所拥有的部，也叫部曲。例如苏我部、中臣部等。通过这些"部"可以发现，部的标记都是借用了汉字的大和语言，这一点与汉语标记的人制不同。

在大化之前，各氏族自上而下总称为"臣、连、伴造、国造、百八十部"（《日本书纪》推古二十八年纪），其中的连、伴造与百八十部（可能是从多数的部出来做事的伴）与部制有关。部制建立之后，就出现了大伴连、中臣连等氏的称呼。如上所述，我们可以认为部（部民）制度的建立与氏族的形成密切相关。

此外，国造如武藏国造、筑紫国造等，是从属于大和王权的地方豪族（当地首领）。国造级的地方豪族被授予"直"姓，独立性较强的筑紫、肥（九州）、上毛野、下毛野（东国）的氏族则被赐予了"君"姓。

从前面大伴氏的例子可知，氏族与姓在八世纪以后的律令制社会中，成为联结天皇和各氏族人格的重要标志，但是部制在大化改新之后就基本废止了。

第四章　佛教的传入与苏我氏

兴福寺旧东金堂本尊佛头（辻本米三郎摄影）

1. 从"外国"即位的继体天皇

从越国即位　　五〇七年（继体元年），继体天皇接
受大伴金村的即位邀请，从越国（福
井县）的三国（今坂井郡三国町）出发，在河内的樟叶宫
即位。据闻，这是因为最初被推举的仲哀天皇五世孙倭彦
王逃走的缘故。而且继体天皇事先也从住在河内的友人河
内马饲荒笼处获知了武烈天皇去世后政权中枢的确切消
息。这是《日本书纪》中关于继体天皇即位的记述。

继体是应神天皇的五世孙。虽然《日本书纪》中没
有记载系谱，但《日本书纪》成书时已在编纂"系图
三十卷"，所以继体是应神五世孙应该确信无疑。《释日
本纪》（镰仓时代后期成书）所引的《上宫记》的逸文中
留存有如下页图所示的五世孙系谱。当时，新帝由大臣和

大连等群臣推荐选出，因此可以肯定继体与大伴氏有联系。

另外，《古事记》记载，继体的出生地是近江而非越。近江是其父亲的政治地盘，而《日本书纪》的记载采用其母亲的出生地。据继体的妃子中很多人与近江有关推断，可能是继承父亲将近江作为自己的根基。无论是取近江还是越，都是远离后来畿内地区的"外国"（畿外），即外国出生的人即位。

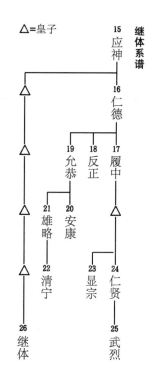

△=皇子

继体系谱

继体的皇宫，继即位的樟叶宫（今大阪府枚方市）之后，历经山城的筒城（今京都府缀喜郡）、弟国（今京都府乙训郡），最后迁都至大和的磐余（今奈良县樱井市）。这是发生在七至二十年之后的事情。樟叶、筒城、弟国都属于淀川水系（除了宇治川还包括桂川、木津川）

流域。把近江作为根基的继体非常重视从山城到大阪湾、濑户内海之间的水系，并在该地修建了都城。而且，继体的奥津城（墓地）在今城冢古坟（淀川北岸，大阪府高槻市），也属于淀川水系。因此，继体将淀川根基纳入到政治管辖之下，这一点很引人注目。

继体在河内的樟叶宫即位后的很长一段时间（《日本书纪》本文记载为 20 年，异传记载为 7 年）都没有能够在大和地区建造都城，这一政治状况很值得注意。因为继体是应神的五世孙，而五世孙与之前的仁德王统关系相当疏远，因此完全可以说这是"新王统的建立"。

继体是否如《日本书纪》记载是被和平地推举出来，这一点也让人生疑。当然并没有直接的史料佐证，但是七六三年由文人淡海三船命名的汉风谥号"继体"一词意为"继承国体"，不免让人意识到与武烈天皇"断绝"的意味。

迎娶仁贤天皇的女儿手白香皇女（武烈的同母姐姐）为皇后，应该是为了使继体的王统具备正当性。《记纪》中记载手白香为"皇后"可能因为其仁贤之女的身份（这一时期尚无"皇后"称号，系根据后来的律令所做的润色）。手白香埋葬的西山冢古坟（今奈良县天理市。现在指定的西殿冢古坟建于三世纪后叶，时间不合。白石太一郎《古坟讲述的古代史》）是建于六世纪前叶的前方后圆坟，属于大和古坟群，可见其与大和王权的密切关系。

但是，我们也可以反推其与继体陵（今城冢古坟）的关系。宇治川东岸建有规模约为今城冢古坟三分之二的宇治二子冢古坟。这是山城最大的后期古坟，暗示南山城政治势力与拥立继体有关（宇治市教育委员会编《继体王朝之谜》）。宇治二子冢古坟的陶俑与西山冢古坟的陶俑是同一陶俑窑制作的，也就是说两座古坟由同一个技术团体参与建造。继体陵与手白香陵虽然不得不分别在摄津与大和选址，但通过宇治二子冢古坟可知，两者之间还是存在共同的要素。

如上所述，不得不说称为应神五世孙的继体天皇是一个特别的存在。

继体朝的外交与筑紫君磐井的叛乱

五一二年（继体六年），被派遣到百济的穗积臣押山和大伴大连金村应百济的要求，将上哆唎、下哆唎、娑陀、牟娄，即所谓的"任那四县"割让给了百济。《日本书纪》中记载的割让，可能只是军事上支援了"任那四县"。受到百济与新罗威胁的伽耶（加罗诸国）一直受到倭国的援助，但此时倭国的态度发生了变化。也有流言蜚语说是二人接受了百济的贿赂，而且第二年己汶与滞沙（带沙）归属了百济。因高句丽南下，百济受到威胁不得不入侵南边的伽耶。

六世纪前叶倭国外交政策的特点就是，在响应百济的领土扩张和军事支援要求的同时，作为回报要求百济贡献五经博士和医学历学博士。这样的外交方式为钦明朝所继承，形成了五经博士等交替到倭国任职的态势。

这些博士中可以见到如段杨尔、汉高安茂这样的中国姓名。中国当时为南北朝时期，他们是拥有百济官职的南朝系百济人以及南朝的有识之士。这个时期，倭国与中国南北朝没有缔结外交关系，但是作为百济领土扩张及军事支援要求的补偿，中国南朝的文化及技术流入到了倭国。此番基于两国利益的外交政策，最终让倭国的文明取得了极大的进步。

另一方面，新罗入侵到了伽耶的东部。在五二七年

（继体二十一年）之前，南加罗和喙己吞已经受到新罗的攻打。因此，倭国制订了复兴伽耶的计划，并打算派遣近江臣毛野率领六万大军前往。

阻碍这一计划的是九州豪族筑紫国造磐井。磐井受到新罗的挑唆并接受贿赂，发动了叛乱。近江臣毛野大军的行军路线被阻断，军事计划也被迫搁浅。朝廷又派遣物部大连麁鹿火任大将军，叛乱的详情虽然不清楚，但是一年数个月之后，磐井被斩杀。位于福冈县的岩户山古坟被认为是磐井之墓，这里留下了很多被毁坏的石头人像，但毁坏时间却不甚明了。

磐井在反叛时曾说过，"（近江臣毛野）今为使者，昔为吾伴，摩肩触肘，共器同食"。筑紫国造拥有"君"姓，是有很强独立性的豪族。磐井年轻时曾在中央大和王权任职，侍奉国王。

继体朝后期，大和王权强化了政治统治，如拒绝战争支援就不得不准备发动叛乱。而且磐井的叛乱还有新罗的支持，战争呈现出国际化的趋势。从中我们可以了解九州的大豪族拥有独自与外国开展外交的途径。

父亲磐井被杀后，葛子因惧于被连坐判死刑，将糟屋屯仓（今福冈县糟屋郡）献给了朝廷。为了赎罪，也将自己领地的一部分作为屯仓（朝廷所领有的农业经营中心）交给了朝廷。磐井为反抗大和王权而发动了叛乱，结果反而强化了大和王权的政治统治。在筑后可以见到物部、大伴部、许势部等部（部曲）名，可能是大连的大伴金村、物部麁鹿火和大臣的许势（巨势）男人[1] 等因镇压叛乱之功劳，增加了自己的部民数量。

围绕东国国造之争　　西边发生了筑紫国造磐井的叛乱，东边为了武藏国造之位也起了纷争。据《日本书纪》安闲元年纪记载，为了武藏国造之位，笠原直使主与同族的小杵长期争斗不休。据说小杵生性叛逆，想借上毛野君小熊之力谋杀使主。使主得知阴谋之后逃到都城。朝廷定罪之后，封使主为国造，并诛杀了小杵。被任命为国造的使主大喜，将横渟、橘花、多冰、仓樔等屯仓献给朝廷，这些就是后来的武藏国的屯仓。

笠原直是拥有武藏国埼玉郡笠原乡（今埼玉县鸿巢市笠原）地名的氏族，与出土金错铭铁剑的稻荷山古坟所属

---

①人物名。——译者注

的埼玉古坟群渊源很深。献给朝廷的屯仓中也有如橘花屯仓（旧武藏国橘树郡，今神奈川县东部）等位于南武藏的屯仓。武藏这一行政单位形成于何时尚不清楚，但武藏国造可能已经统治了很大范围的地区。

这场争斗中需要注意的是，争夺国造之位的是称为"同族"的亲人，但并不是兄弟这样的关系；而且首领权力也不是由特定的家族来继承的。关于国造之位，朝廷拒绝了与上毛野氏这样有政治实力的氏族合作，因为国造的任命权最终属于朝廷。

在此，我们要提一提大和王权与东国之间的特殊关系。五九二年（崇峻五年），苏我马子假称"今日进献东国贡品"而暗杀了崇峻天皇。因为进献东国贡品当天，天皇也必须参加仪式，苏我马子看准了这个机会。六四三年（皇极二年），受到苏我入鹿追杀的山背大兄，依部下进言以东国的乳部（壬生，养育王子的部）为根基，同苏我作战。另外壬申之乱（672年）时，大海人皇子将东国纳入自己的势力范围并取得了胜利。被视为蛮夷之地的东国，虽然范围时有变化，但是与大和王权之间缔结了一种特殊的关系。

继体朝到钦明朝之"谜"

关于继体的殁年,《日本书纪》和《古事记》并不一致。据《日本书纪》,继体殁于五三一年（继体二十五年）,经过两年的"空位"期,五三四年（安闲元年）安闲天皇即位,这极为罕见。然而据平安中期编纂的厩户皇子传记《上宫圣德法王帝说》和《元兴寺伽蓝缘起并流记资财账》,钦明天皇于五三一年就已即位。这样一来,安闲、宣化天皇就不可能在位了。关于佛教公传的时间,也有五三八年和五五二年两种说法,这实际上也与纪年法的差异有关。

除了这里所讲的情况以及继体末年筑紫君磐井叛乱的传闻之外,还有《日本书纪》所引的《百济本纪》的记载（因其为辛亥年,故称"辛亥之变"）,这容易让人联想起某种政治事件的一句话:"又闻,日本天皇及太子、皇子,俱崩薨。"于是有人提出了"继体、钦明朝内乱"之说。

具体如表5所示,继体去世之后安闲-宣化及钦明两个政权并立。如果事实果真如此,就等于存在拥立两位天皇的政治势力。而从群臣推举选出新帝的王位继承体制来看,"二朝并立"也并非不可想象。但如果是"辛亥之变"

表5　继体、钦明朝年表

公历	干支	书纪纪年	帝说·缘起	喜田贞吉说	记事
525	乙巳	继体 19		继体 19	
526	丙午	20		20	纪—迁都磐余
527	丁未	21		21	记—继体没；纪—筑紫君磐井叛乱
528	戊申	22		22	纪—斩杀磐井
529	己酉	23		23	
530	庚戌	24		24	
531	辛亥	25	（即位）	25 没(即位)	百济本纪—天皇、太子、皇子没
532	壬子		钦明 元	钦明元	
533	癸丑		2	2	
534	甲寅	安闲 元	3	安闲元　3	纪或本—继体没，武藏国造之争
535	乙卯	2	4	2 没　4	记—安闲没；纪—设置屯仓
536	丙辰	宣化 元	5	宣化元　5	
537	丁巳	2	6	2　6	
538	戊午	3	7	3　7	帝说、缘起—佛教公传
539	己未	4	8	4 没　8	
540	庚申	钦明 元	9	9	纪—大伴金村失势
541	辛酉	2	10	10	纪—"任那复兴"协议
542	壬戌	3	11	11	
543	癸亥	4	12	12	
544	甲子	5	13	13	纪—"任那复兴"协议
545	乙丑	6	14	14	
546	丙寅	7	15	15	
547	丁卯	8	16	16	
548	戊辰	9	17	17	
549	己巳	10	18	18	
550	庚午	11	19	19	
551	辛未	12	20	20	
552	壬申	13	21	21	纪—佛教公传

记：《古事记》，纪：《日本书纪》，帝说：《上官圣德法王帝说》，缘起：《元兴寺伽蓝缘起并流记资财账》

中所见"天皇、皇太子"的死亡消息那样，"皇太子"死亡，两朝并立就没有可能。这是个很有吸引力的假设，但并非经过论证的史实。

这里我们来讲一下继体与安闲之间的纽带关系。安闲被称为勾大兄，其母是地方豪族尾张氏的女儿。勾是地名，在迁都勾金桥宫之前，王子宫应该就建在勾。在大化之前与兄弟继承对应的王位继承法中，大兄是天皇以及相当于天皇之人的长子。史上首次出现的"大兄"称呼就是勾大兄，据此可以认为是继体发明的王位继承法。

在大兄制度以前，如《古事记》景行段中有三位太子的传闻那样，存在包括同母兄弟在内的多位继承人的情况。《记纪》中王子杀兄的故事也与王位继承有关。勾大兄是强有力的王位继承人。《日本书纪》的记载是继体去世前进行了"让位"，这虽非事实，但也从侧面作了证明。

以手白香皇后为纽带，继体与钦明的关系非常牢固，但也未必是继体去世后钦明马上即位的关系。奥豪德是继体的真名，尚无去世后的和风谥号。天皇都有日本式的谥号，且具有继承性。安闲的和风谥号为"广国押武金日", 此后的宣化为"武小广国押盾", 钦明为"天国排开广庭"。此外,《安闲天皇纪》中如武藏国造之争、屯仓设置等内政信息较多, 二朝并立之说很难想象, 反倒是《上宫圣德法王帝说》等忽略安闲、宣化朝的纪年法不可能存在。

2. 佛教的传入

钦明朝的建立及钦明时代　据《日本书纪》，安闲在位两年、宣化在位四年就去世，之后群臣请求钦明即位。此时发生了一件奇怪的事。钦明以"余幼年识浅，未闲政事"为由拒绝了请求，并推荐了安闲天皇皇后春日山田皇女。除了大和王权建立之前的卑弥呼和壹与，这是明确的女帝即位的请求。但是皇后没有接受，由钦明即位。

关于即位时钦明的年龄史书记载为"年若干"，具体不明确。从后来中世的史料推算，《一代要记》等天皇年代记中为三十一二岁，《神皇正统记》中为五十岁。数字差异太大，确切年龄未知，但肯定不是"幼年"。

据说即位后的钦明天皇继续任命大伴金村和物部尾舆

为大连、苏我稻目为大臣。由群臣推举即位的新帝重新任命大连、大臣等群臣是惯例。

钦明立宣化之女石姬为皇后，生下后来的敏达天皇，又纳苏我稻目之女坚盐媛为妃，生下用明及推古女帝（敏达的皇后），再娶坚盐媛之妹小姊君生下崇峻天皇。钦明去世后，天皇位按敏达、用明、崇峻、推古的顺序继承。钦明的子女这一代在古代占有特殊的地位，被后来的豪族评价为"时代的转换"。这是怎么回事呢？

《古事记》的内容到推古天皇就结束了。就是说，作为"古事文书"的《古事记》从神话时代开始到推古天皇时代落下帷幕，古代中的"远古"就此完结。论述到此，"推古天皇"这一汉风谥号开始引人注意。如前所述，这些汉风谥号是后世八世纪豪族命名的。"推古"意为"推测远古"，在古代豪族生活的"近代"，意指作为相对于"近代"的"古代"。

但是推古的幼名为额田部皇女，和风谥号为丰御食炊屋姬——"丰"即丰收，"御食"即餐食，"炊屋"即食物烹调屋，与汉风谥号是完全不同的形象，可能为了暗示时代的变换。

钦明朝的外交政策与伽耶

钦明朝特别值得一提的是外交政策。这一时期倭国与百济的外交关系与继体朝一样，是基于两国的利益关系进行的，其特点之一是所谓的佛教公传。引发纪年问题的《日本书纪》和《上宫圣德法王帝说》这两个体系的史料都认为，佛教传入是在钦明朝。这应该是有确切传闻的记载，将在下一节叙述。特点之二是伽耶问题。伽耶是朝鲜半岛南部的加罗诸国，并非像百济和新罗那样的统一国家，而是小国联合形式，也叫伽耶联盟，《日本书纪》用"任那"的指称进行记载。

倭国向该地派遣了称为"日本府卿"（原标记为"倭宰"或"倭府"）的"执事"及记为"行军元帅"的军事指挥官。《日本书纪》中记为"任那日本府"，但当时"日本"这一国号尚未出现，该标记应该是基于后世人的习称所改。曾经有人认为这是"殖民地经营"的重点地区，这是不正确的。钦明朝时期，日本府卿曾经派到安罗国，所以也记为"安罗日本府"。

钦明即位的五四〇年（钦明元年），曾因将"任那四县"割让给百济的大伴大连金村，被物部大连尾舆等人

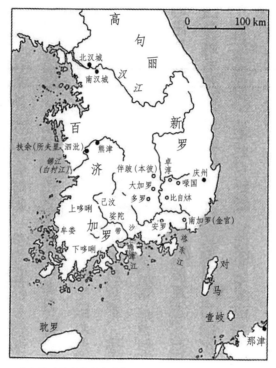

六世纪前叶的朝鲜半岛南部

追责而失势。其后的《日本书纪》中多处可见百济圣明王关于"任那复兴"政策的记述，这位圣明王正是将佛教正式传入倭国的国王。

尽管有伽耶复兴计划，但在倭国派遣的官员中有人暗中勾结新罗，复兴计划未能顺利实施。《日本书纪》所记载的佛教公传就发生在此期间。最终，百济军与应百济请求派遣的倭国军合力，于五五四年（钦明十五年）与新罗作战，圣明王也战死沙场。

五六二年新罗灭伽耶。《日本书纪》记载，"新罗打灭任那官家"。"官家"念作Miyake，与屯仓不同，这里意为"向倭国朝贡的国家"。另一方面，朝鲜史书《三国史记·新罗本纪》（1145年成书）中记载，"加耶叛。（真兴）王命异斯夫讨之"。《日本书纪》中也有五六〇年的说法，但日朝史书一致记载，五六二年伽耶灭亡。

参与朝鲜半岛这场战争的并非只有男性将士，将军级别的都是夫妇一同参军。《日本书纪》钦明二十三年纪记载，副将河边臣琼岳与新罗军队作战时除了妻子还带上了儿女。《记纪》日本武尊的故事中，也提到日本武尊东征时带了妃子弟橘媛。弟橘媛从相模经海路赴上总途中，为了平息海神的愤怒而投身献祭。战争的形式也因时代不同而有很大差异，女性也有主动参战的。

"蕃神"的传入　圣明王积极推动佛教传播，对向东方宣扬佛法充满热情。《日本书纪》记载，五五二年（钦明十三年），百济的圣明王上贡释迦佛的金铜像、幡盖、经论。但是《上宫圣德法王帝说》记载，佛教传入时间是五三八年（钦明七年）。两书记载的佛教传入时间都在钦明朝。因为都是正式传入，所以叫作"佛教公传"。佛教的传入是以倭国对百济的军事援助等外交关系上的协助换取的。

对此，《扶桑略记》等佛教系的史书记载，继体朝时大唐汉人司马达等将本尊安置于大和国市郡的坂田原，这是钦明朝以前佛教的初次传入，相当于经由民间途径的"佛教私传"。佛教本是起源于印度的宗教，佛教经典原本用梵语书写，在中国被译成汉语，汉译佛典后经由朝鲜半岛传入倭国。

钦明天皇欣喜地向群臣咨询了关于礼拜佛像之事。因物部、中臣两氏以"拜蕃神恐致国神之怒"为由拒绝，便将佛像授予苏我大臣稻目。此后因关联到疫病流行等，物部氏与苏我氏的争斗持续不断。

这样，佛像被贴上了"蕃神"的标签，也叫佛神或他国神。与日本列岛本地神"国神"一样，佛也被当作神看待，而且是有容貌的神。

本地的神以天地诸神为代表，是见于草木山海等不同寻常的"可畏之物"（本居宣长《古事记传》）。因此，既有化身为白鹿、白猪的狂暴之神（日本武尊神话），也有现身为人、成为现人神的一言主神（《日本书纪·雄略天皇纪》）。但是对于金光闪闪的金铜佛，当时的人们大概一时难以接受吧。

佛教传入之际，留下了几个小插曲。例如进献给苏我马子的舍利（佛的遗骨）根据人们许愿在水上沉浮的故事；因天花流行，物部氏和中臣氏推倒宝塔，焚烧佛殿佛像，将烧剩的佛像丢弃于难波的堀江时，明明空中无云却突然刮风下雨的故事等。这些都是超出一般常识、神佛显灵的奇闻逸事。

此外，还有感染天花的苏我马子为了续命曾向佛神祈求而后立竿见影（现世利益）；后来厩户皇子（圣德太子）在针对物部的战争中，通过制作佛教的守护神四天王像并许愿，获得了战争的胜利（后述）。

由此可见，佛教的信仰一直伴随着与现世利益密切相关的因果报应论。《元兴寺伽蓝缘起并流记资财账》中有诸如"佛法破灭，怪灾增益"这样的记述。《日本书纪》中记载的围绕佛教传入而产生的苏我氏和物部氏之争，也是以因果报应的论调进行叙述的。因此可以说，虽然未必一定是事实，但是引入新宗教时需要各种各样的奇闻逸事。

关于佛教的作用，一般可以理解如下。信仰天地神灵之国神的世界，对应着过去原始的社会共同体。但是到了各地有权势的豪族开始建造被称为群集坟的小型坟墓的时代，地区社会就会出现之前无法想象的新的变化。此时就需要能个别救济地方新兴势力的宗教，而佛教正好起到了这种满足个别需求的作用。

3. 苏我氏的活跃

苏我氏的出身及活动　　　苏我氏是钦明朝（六世纪中叶）左右开始崛起、对古代史产生了巨大影响的豪族。苏我稻目作为大臣表现活跃。据《日本书纪》记载，他在宣化朝首次获得任命，钦明天皇即位时再次得到任命。根据《尊卑分脉》（十四世纪南北朝时期编纂的诸氏家系图集），稻目的谱系为：满智—韩子—高丽—稻目—马子—虾夷—入鹿。

需要注意的是人名，以稻目为界发生了变化，之前是外国色彩的名字，之后以动植物字样命名。

满智如、木满致（《日本书纪》应神二十五年纪）和万智（《日本书纪》天智元年纪）等，是与百济人相通的名字（古代重读音不重标记）。韩子和高丽与朝鲜国名加罗（韩）和高丽相同。根据这一特点，有人提出苏我氏是外来人。但是加罗和高句丽等另外的国名，反而否定了外来人的说法，这从虾夷等名字也能得到佐证。韩子和高丽等具有异国色彩的名字显示了苏我氏与外来系氏族的密切关系。

苏我氏的大本营在大和国高市郡曾我（今奈良县橿原市曾我町），别墅在河内国石川郡（今大阪府富田林市等地）的石川流域。据推测，苏我氏是葛城氏的一个分支，五世纪葛城氏[1]没落之后，苏我氏取代葛城氏登上政治舞台。后来马子主张以葛城县为大本营，虾夷在葛城县的高宫修建祖庙，可以说都暗示苏我氏与葛城氏的关系。

从对引入佛教的积极态度可以看出，苏我氏是一个开明的氏族，与外来系氏族有着密切的关系。例如《古语拾遗》（807年成书）中有这样的传闻：雄略朝时麻智（满智）负责监督斋藏、内藏、大藏这三藏。作为仓库的管理者，满智任命秦氏为出纳，让东文氏和西文氏负责账簿的勘验记录。

---

[1]当时还没有氏，此为后世追称。

这是基于斋部氏家记的传闻,《记纪》中并没有记录。这当中,东文氏是东汉氏系的外来系氏族,被认为是阿智使主的后裔,西文氏是王仁的后裔,也叫河内文首。两个氏族均是以文书和记录相关的职务为生计的氏族。苏我氏灵活利用外来系氏族,采用并推进了使用文书和账簿的新的仓库管理模式。

灵活利用外来系氏族并采用新的管理形式这样的传闻,对苏我氏研究来说是宝贵的史料。即使纪年等细节不可信,但苏我氏与外来系氏族的关系、使用文字进行行政管理等传闻等核心内容应该是正确的。文字的使用与文明化有密切的关系,苏我氏对日本列岛的文明化所起的作用不可小觑。

关于苏我氏,至今还可以零星见到苏我氏由于大化改新而灭亡的描述,但是灭亡的其实是前文所示推测为苏我氏直系的家系(本宗家),虾夷的弟弟雄正的子孙中后来依然大臣辈出。雄正之子仓山田石川麻吕参加了成为大化改新契机的“乙巳之变”,改新时担任右大臣。连子据说是天智朝的大臣,赤兄在近江朝下六七一年(天智十年)被任命为左大臣。还有在“壬申之乱”以后,改姓为石川朝臣的连子子孙担任参议等，活跃在奈良朝政治的前台。

吉备的白猪屯仓　　下面我们在追述《日本书纪》记载的同时，对苏我氏管理白猪屯仓时实行的新的管理体系进行描述。

五五五年（钦明十六年），苏我大臣稻目被派遣到吉备地区并设置了白猪屯仓。第二年，葛城山田直瑞子被派到当地做田令。承担屯仓附带田地耕作的农民称为田部，田部收获的稻收于屯仓。白猪屯仓通过制"籍"（账簿）来掌握田部的情况。"籍"读作"fumita"，就是"札"（Fumuda, Fuda），可以看作现在所说的木简。也就是说，大概是在木简上记下田部的名字，以类似于账簿的形式进行管理。

然而，经过十多年之后，到了五六九年，出现了"年甫十余，脱籍免课者众"（《日本书纪》）的现象。男子明明已达十多岁，但因未记入籍（账簿）而免于劳役，从中可见籍制作完成后，再也不曾添加过新的人名。

为此，百济系的王辰尔的外甥胆津被派到白猪屯仓，调查田部的籍。胆津调查了当地的成年男子后，重新编制了田户。因这一功绩，胆津被授予白猪史之姓（后改姓葛井。现位于大阪府藤井市的葛井寺就是其氏族寺）。王辰尔本人则于五五三年受稻目之命，从事船舶相关税务的计算和记录，被授予船史之姓（后改为船连氏）。王辰尔一族是精通这类记录业务的氏族。

新编成的田户的实际情况不详，但所谓田户，应该是指以家族为单位制作男性名簿（名籍）的"田部"，也可能是利用这个名籍制作成年男子的名簿（丁籍），征集他们去服劳役。五七四年（敏达三年）派遣苏我大臣马子，在扩建白猪屯仓的同时增加田部，并将该名籍交予胆津。

《日本书纪》的记述是基于屯仓管理有功的白猪史的家传撰写的，因此难免有夸张的成分。但是，苏我大臣充分利用以文书为职业的外来系氏族，并主导了新的屯仓管理方式，这是毫无疑问的。实际上是否使用了木简，在木简尚未出土之前无法证实，但我们推测是完全可能的。钦明朝开始了新的文字使用，这对于日本列岛政事的开展来说值得特别一提。

物部氏与苏我氏

五四〇年（钦明元年）因伽耶问题大伴大连金村失势以来，物部氏一直独占了大连之位。钦明朝以后，物部尾舆（卒年不详）和守屋成为大连。六世纪后叶敏达、用明朝时期，大臣是苏我马子，大连是物部守屋。

物部氏是中央连姓的强大的伴造氏族，在守屋被暗杀之后的六八四年（天武十三年）设定八色之姓之际，与臣系氏族一同改姓朝臣，后来被授予石上朝臣。物部氏的"物"被认为是带有精灵、灵魂等意味的物（魂），据《日本书纪》中记载，传闻其主要从事军事、警察、刑罚以及掌管神事。物部氏拥有自己的天降神话，执行石上神宫（今奈良县天理市）的祭祀。

有人认为石上是其大本营，但物部守屋的大本营是河内国涉川郡的阿都家、涉河家和难波宅，因此可以推定物部连氏的大本营是河内。

钦明去世后即位的敏达非苏我系，他将守屋留任大连，将苏我马子起用为大臣。这一时期应该是物部氏占据优势。虽然朝廷非常重视有关伽耶复兴的外交问题，但复兴计划的实施并不顺利。敏达末年，围绕佛教问题，物部氏与苏我氏的矛盾再次激化，反映了氏族之间争夺霸权的斗争实质。由于敏达去世后的王位继承问题，二者的对立变得公开化。

敏达去世后的殡宫发生了一起趣事。"殡"是一种古代的丧葬礼仪，既是将离开肉体的灵魂招回的再生礼仪（让死者复生的仪式），也是镇住附在尸体上的"疠鬼魂"（招来大凶和流行病的灵魂）的仪式。

在古代，国王的殡宫仪礼通常要花上长达一年多的时间。在这样神圣的场合，穴穗部皇子竟然意图奸污敏达妃额田部皇女（后来的推古女帝）。按当时的王位继承规定，一般由王弟或大兄继承王位。穴穗部皇子是钦明与小姊君（坚盐媛之妹）的儿子，但不符合即位的条件。在当时这种行为不可能被看作是纯粹的犯罪，他可能企图通过与额田部皇女的肉体关系获得继承王位的资格。

由于三轮君逆的阻拦，他的阴谋没能得逞。穴穗部皇子大为震怒，与物部守屋合谋杀害了三轮君逆。于是穴穗部皇子与守屋的关系变得更加密切，额田部皇女与马子的关系变得更加紧密。

新即位的用明天皇是钦明与苏我稻目之女坚盐媛的长

子，这意味着苏我血缘的天皇诞生。但是太子由非苏我系的押坂彦人大兄担任，因此苏我氏的势力也未必一定就压得住物部氏，仍有需要妥协的地方。用明因体弱多病，在位不足两年，其晚年曾向群臣提出想皈依佛教以治病，由此排佛派与崇佛派的对立再次出现。

用明去世后，因物部守屋企图拥立穴穗部皇子，物部氏开始采取军事行动。关于非苏我系的太子、当时有希望

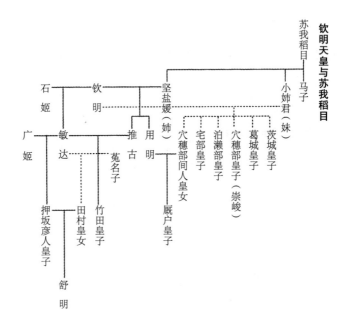

的王位继承候选人的押坂彦人大兄，《日本书纪》中并没有记述，可能是患病或其他原因过世了。

另一方面，苏我氏拥戴额田部皇女，诛杀了穴穗部皇子等人。这样一来，物部氏与苏我氏直接对决的事态就无可避免了。

暗杀物部守屋　用明去世三个月之后的五八七年七月，马子与诸皇子及群臣商讨，计划歼灭守屋。泊濑部皇子（后来的崇峻天皇）、竹田皇子（推古之子）、厩户皇子（后来的圣德太子）以及纪、巨势、膳氏一同率领军队开始与守屋作战。大伴、阿部氏等也率领军队袭击了位于河内的守屋宅邸。

但是，精通军事的物部氏防守牢固，军队也强大，马子军不得不撤退。在此情形下，位于军队尾部的厩户皇子束发于额，砍下作为灵木的白胶木制作成四天王像，将其放于发髻之上发誓道："今若使我胜敌，必当奉为护世四王（四天王），起立寺塔。"马子也立刻向佛法的守护神诸天王及大神王求助，发誓要建立寺塔，普及佛教。之后开始发动猛烈攻势。

这时，舍人迹见首赤梼将守屋从树上射落，连同其子女一同诛杀。见守屋被杀，物部氏军队四散而逃，物部氏的本宗家就此灭亡。"叛乱"平定之后，据说厩户皇子与马子分别开始着手修建四天王寺与飞鸟寺。这都是《日本书纪》的记载，包括当时十四岁的厩户皇子的行动在内，恐怕大都是后人润色的内容。真正的事实可能是，利用四天王像等振奋己方的阵营，鼓舞士气，打仗取胜，仅此而已。

消灭守屋之后第二个月，额田部皇女与群臣推举泊濑部皇子即位，即崇峻天皇，他是钦明与马子之妹小姊君所生的第五子。虽然《日本书纪》记载是额田部皇女与群臣推举，但这应该主要反映了主导战争的苏我氏的意向。

暗杀天皇与飞鸟寺的建立

崇峻朝的政治，除了为复兴伽耶向筑紫派遣两万军队的记述之外，并没有什么特别值得一提的事情，但是天皇与苏我氏政治上的对立意识却日益增强。

五九二年（崇峻五年）十月，狩猎捕获的野猪被当作最早收获的山珍进献给朝廷。不能如愿推动政治的崇峻此

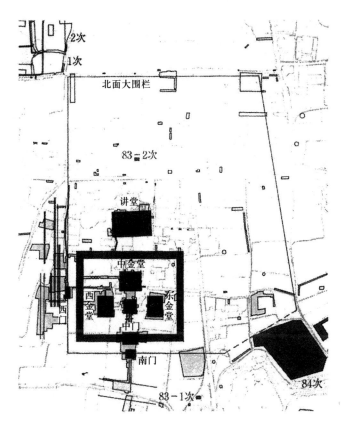

飞鸟寺的伽蓝分布（引自《奈良国立文化财研究所年报1988-II》）

时不经意间说漏了一句"何时如断此猪之颈，断朕所嫌之人"。这句话很快传到了马子的耳中，意识到事态严重的马子将全族人聚集到一起，密谋暗杀崇峻。

接下来的十一月，马子假意向群臣提出设立贡献"东国贡品"。如前所述，大和王权与东国之间有着特殊的政治关系，其象征就是进献"贡品"。在贡品的进献仪式上，天皇作为接受方要亲自参加。接近苏我氏的外来系东汉驹被选为刺客。关于此暗杀，《日本书纪》只是极为简要地记为"乃使东汉直驹，弑于天皇"。

此前有关王位继承的斗争，例如弑兄之类的传闻见于日本武尊传闻及《雄略天皇纪》，但都无法与天皇被杀的事实相提并论。暗杀崇峻天皇，是空前绝后的大事件。

在前面所述的从守屋歼灭战到暗杀崇峻的这段时间中，飞鸟寺建成了。因其建在飞鸟之地而被称为飞鸟寺，不过寺庙的正式法号叫法兴寺或元兴寺。

飞鸟寺于五八八年（崇峻元年）开始修建，百济进献了佛的舍利（遗骨），除僧侣外还有寺工、炉盘博士、瓦博士、画工等修建寺院的专业技术人员远渡而来。五九〇年寺院建材备齐，两年后佛堂与走廊建成。

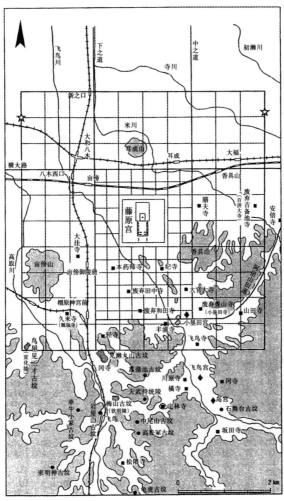

藤原京和飞鸟周边图（小泽毅绘图）。这一时期还没有藤原京

今天我们习惯于将奈良县的明日香村一带广泛分布的古代史迹区域统称为飞鸟（明日香），但是古代的飞鸟地区限定在更为狭小的区域。关于飞鸟的范围，现在有两种说法。过去大都认为是香久山以南、橘寺以北，主要是飞鸟川右岸一带（也包含左岸的川原寺地区）（岸俊男《宫都与木简》）。如果采用这一说法，飞鸟寺恰巧修建在飞鸟地区的正中心位置，苏我氏的强大权势浮现在飞鸟人面前。

但是最近，由于在雷丘东方遗迹出土了平安初期"小治田宫"的墨书土器，认为飞鸟寺的所在地在飞鸟的北部边缘即小治田（小垦田）以南的看法被更多人接受（直木孝次郎《飞鸟》）。如果按照这一说法，飞鸟寺就建在飞鸟地区的北部。对这两个说法的认识不同，对当时苏我氏权势的评价就会出现差异。

我认为后者的说法比较妥当。飞鸟寺是一座大型寺院，其伽蓝配置为佛塔及三座金堂，其规模超过五九三年开始修建的四天王寺。但是不管怎么说，苏我氏的权势一定给古代人留下了无法估量的深刻印象。

另外据《续日本纪》的宝龟三年（772 年）条目记载，

飞鸟地区所在的"高市郡内、桧前忌寸及（东汉）十七县人夫满地而居。他姓者十而一二焉"。苏我氏与外来系的人员关系密切，飞鸟地区也与外来系人员紧密联系在一起。

飞鸟时代由此拉开序幕。

结　语

不知读者们读完本卷后有无收获?

考古学角度的历史叙述与文献学角度的叙述,写法有所不同。考古学与文献史学一样,论证与争鸣几经波折。本书并非仅仅提供结论,而是力求对其演变过程做出解释。总体而言,我们的目标是要探明日本社会的原始景象,所以可能有点叙述得过于细致。

我的专业主要是以文字史料为研究对象的文献史学。在思考大和王权的历史时,最后必须要观察到律令制国家的建立。但是鉴于本系列的编撰体例,本书写到六世纪为止,以后的历史就交给下一卷《飞鸟·奈良时代》。

在此,我想回顾一下自己的研究历程,以此作为结束语。和各位读者一样,我从记事开始就一直居住在日本列岛,作为"撤退回国者"住在京都。二战前,我父亲在中国上海做银行职员，所以两个姐姐和一个哥哥在上海出生。由于"战况恶化"，父亲请求一位日本军人将母亲和姐姐哥哥四人转移到祖父母所在的朝鲜大邱。我就出生在那里，那时正是战败前三个月。据说是因为长崎县佐世保基地扩建，祖父母才移居到大邱的。

撤退回国后，一家人好像临时住在山口县小郡。父亲数年之后才回国。后来我们搬到大阪，一直在那里生活到高中时期。小学时，因为出生在朝鲜而经常受到霸凌。为此，一直梦想长大后离开日本到欧洲生活。上大学后，了解了一点社会就梦醒了。

产生学历史的念头，是在我上了大学以后。开始我被明治维新的变革所吸引，后来又想了解作为前史的日本封建社会，再后来又觉得不了解之前的古代历史，心中不踏实。这样，对历史的关注顺着时间线不断向前追溯，最后到达日本列岛的诞生这一终点。虽然并不一定是在寻根，但是本书是我历史学的一个终点站。

这个终点站其实对于我、对于读者来说，都是历史的始发站，列岛的历史从这里开始。人类的历史中有故事，这些故事不一定能作为历史留下来。但是既然故事客观存在，将其汇集而成的历史就不会是无趣的。本书若能起到引导的作用，我将感到无比喜悦。

最后讲一下地域史。我想本书较多受制于整体的历史，可能对于地域史顾及不足。从我的微不足道的经验来说，不能对列岛社会作千篇一律的思考。我在东京生活已久，长期浸淫在现代历史生活中，这多少与各位一样。对我来说，在关西和东京的生活是原点，它占据着椭圆形中两个定点一样的位置。我现在是东京人的样子，但是也经常为习惯的差异感到惊讶。

我经常举例的词语有"Aho"（笨蛋）和"Baka"（傻瓜）的用法。其实在西部和东部，"Aho"和"Baka"的语感完全不同。小时候，一天要听好多遍"Aho"。大阪人讲"Omae, aho yana（喂，你这个笨蛋）"中"Aho"一词有一种亲切感。甚至有一句绕口令"Aho, aho, iuna. Aho"（不要笨蛋笨蛋地叫，笨蛋）。但是如果说"Baka"，两个人之间就有一种紧张感。在东京，这两个词的意思却完全相反，实在不可思议。

今天由于大众媒体的影响，国民几乎都习惯了标准语。

但是西部和东部仍然还有语言上的差异，而且不止西部和东部，语言和生活习惯的差异因地区而多种多样。在思考日本社会的历史时，将目光从地区转向整体就很重要。

最近，各地建起了具有"看向地域"的独特的乡土博物馆、历史民俗博物馆、自然史博物馆等，博物馆本身的功能得到了充实。希望各位实地去一下这些地方，接触一下有形的历史遗产，就能更切身地感受到列岛的历史。

本书《日本书纪》的引用主要来自"岩波书店日本古典文学大系"之《日本书纪》，《万叶集》的引用主要来自"小学馆新编日本古典文学全集"之《万叶集》。为方便各位读者理解，将表记改成了现代假名用法。执笔期间，包括考古学的最新成果在内，参考了很多学术著作和普通著作，有的地方未逐一列举，书后仅限于主要参考文献的介绍，敬请包涵！

参考文献

E.S. 莫尔斯著，近藤义郎、佐原真编译《大森贝冢》（岩波文库，1983 年）

相泽忠洋《"岩宿"的发现》（讲谈社文库，1973 年）

安蒜政雄编《考古学关键词》（有斐阁，1997 年）

池上曾遗迹史迹指定 20 周年纪念活动实行委员会《弥生的环壕都市与巨大神殿》（1996 年）

石田英一郎《文化人类学入门》（讲谈社学术文库，1976 年）

石母田正《日本的古代国家》（岩波书店，1971 年）

泉拓良、西田泰民责任编集《绳文世界的一万年》（集英社，1999 年）

宇治市教育委员会编《继体王朝之谜》（河出书房新社，1995 年）

大阪府立弥生文化博物馆编《弥生文化》(平凡社，1991 年)

冈崎敬等《邪马台国论争》(平凡社，1980 年)

冈田康博等编《发掘绳文都市》(日本放送出版协会，1997 年)

冈村秀典《三角缘神兽镜的时代》(吉川弘文馆，1999 年)

冈村道雄编《迄今已知的日本史前时代》(角川书店，1997 年)

冈村道雄、马场悠男等《旧石器时代的考古学》(学生社，1998 年)

山崎纯男《弥生在各地区的开始——北部九州》，祢宜田佳男《水稻种植的传播与落地生根》，金关恕《考古学的新规范》，出自金关恕、大阪府立弥生文化博物馆编《弥生文化的形成》(角川选书，1995 年)

岸俊男《宫都与木简》(吉川弘文馆，1977 年)

岸俊男《作为划时代的雄略王朝》(《日本古代文物的研究》，塙书房，1988 年)

熊野正也、堀越正行《考古学知识词典》(东京堂出版，

1998 年）

国立历史民俗博物馆编《新弥生纪行》(朝日新闻社，1999 年）

小林达雄《绳文土器 I》(讲谈社，1979 年）

小林达雄《绳文人的世界》(朝日选书，1996 年）

小林行雄《古坟文化论考》(平凡社，1976 年）

近藤义郎《前方后圆坟的时代》(岩波书店，1983 年）

近藤义郎《前方后圆坟的建立》(岩波书店，1998 年）

酒井龙一《弥生的世界》(讲谈社，1997 年）

山崎纯男《板付遗迹与奴国》，佐贺县教育委员会编《吉野里遗迹与古代国家》(吉川弘文馆，1995 年）

坂元义种《古代东亚之日本与朝鲜》(吉川弘文馆，1978 年）

佐佐木高明《日本的历史 1：日本史诞生》(集英社，1991 年）

佐藤洋一郎《DNA 讲述的稻作文明》(日本放送出版协会，1996 年）

佐原真《绳文土器 II》(讲谈社，1979 年）

佐原真《祭祀之钟：铜铎》(讲谈社，1996 年）

七田忠昭、小田富士雄《吉野里遗迹》（读卖新闻社，1994 年）

白石太一郎《古坟讲述的古代史》（历史民俗博物馆振兴会，1998 年）

白石太一郎《古坟与大和政权》（文春新书，1999 年）

铃木公雄编《日本历史的争议点 I》（新人物往来社，1990 年）

铃木公雄、石川日出志编《日本的历史新视点 1》（新人物往来社，1993 年）

铃木靖民《倭五王的外交与内政》（《日本古代的政治与制度》，续群书类从完成会，1985 年）

关晃《大化改新研究（下）》（《关晃著作集》第 2 卷，吉川弘文馆，1996 年）

平朝彦《日本列岛的诞生》（岩波新书，1990 年）

鹰山遗迹群调查团《鹰山遗迹群》I、II（长门町教育委员会，1989、1991 年）

高山博主责任编集《人类的起源》（集英社，1997 年）

田原本町教育委员会编《弥生的巨型遗迹与生活文化》（雄山阁，1989 年）

知念勇、高良仓吉等编《新版"古代的日本 3"：九州、冲绳》（角川书店，1991 年）

都出比吕志《日本农耕社会的成立过程》（岩波书店，1989 年）

都出比吕志《都市形成与国家论》（吉田晶编《日本古代的国家与村落》，塙书房，1998 年）

都出比吕志编《古代国家如此诞生》（角川书店，1998 年）

坪井清足等编《新版"古代的日本" 9：东北、北海道》（角川书店，1992 年）

敕使河原彰《绳文文化》（新日本新书，1998 年）

帝冢山考古学研究所《古代水田考辨》（1994 年）

寺泽薰《大和政权的诞生》（《日本历史馆》，小学馆，1993 年）

东京国立博物馆《江田船山古坟出土国宝银象眼铭大刀》（吉川弘文馆，1993 年）

东野治之《遣唐使与正仓院》（岩波书店，1992 年）

西本丰弘《绳文人吃什么》、小杉康《遥远的黑曜石群山》，户泽充则编《绳文人的时代》（新泉社，1995 年）

佐川正敏《东亚史前蒙古文化》，百百幸雄编《蒙古人的地球3：日本人的形成》（东京大学出版会，1995年）

直木孝次郎《飞鸟》（吉川弘文馆，1990年）

奈良县立橿原考古学研究所附属博物馆、田原本町教育委员会编《弥生时代的风景》（1996年）

西岛定生《邪马台国与倭国》（吉川弘文馆，1993年）

日本第四纪学会编《百年、千年、万年后日本的自然与人类》（古今书院，1987年）

日本第四纪学会编《图解日本的人类遗迹》（东京大学出版会，1992年）

野尻湖发掘调查团编著《最终冰期的自然与人类》（共立出版，1997年）

桥口尚武编《渡海的绳文人》（小学馆，1999年）

埴原和郎《日本人的起源》（角川书店，1997年）

林谦作《绳文时代史》（《季刊考古学》连载讲座，雄山阁）

平野邦雄《大化以前的社会组织研究》（吉川弘文馆，1969年）

平野邦雄《大化以前的政治进程研究》（吉川弘文馆，

1985 年）

广濑和雄编著《从绳文到弥生的新历史形象》（角川书店，1997 年）

广濑和雄编著《都市与神殿的诞生》（新人物往来社，1998 年）

藤原宏志《稻作的起源探究》（岩波新书，1998 年）

村上恭通《倭人与铁的考古学》（青木书店，1998 年）

明治大学考古学博物馆编《论争与考古学》（名著出版，1994 年）

森川昌和、桥本澄夫《鸟浜贝冢》（读卖新闻社，1994 年）

吉田晶《卑弥呼的时代》（新日本新书，1995 年）

吉村武彦《日本的历史 3：古代王权的展开》（集英社，1991 年）

吉村武彦《倭国与大和王权》（《岩波讲座日本通史 2》，1993 年）

吉村武彦《日本古代的社会与国家》（岩波书店，1996 年）

吉村武彦《古代天皇的诞生》（角川选书，1998 年）

吉村武彦编《思考古代：继体、钦明朝与佛教传入》（吉川弘文馆，1999年）

和佐野喜久生编《东亚的稻作起源与古代稻作文化》（佐贺大学农学部，1995年）

渡部忠世责任编集《亚洲稻作史》1—3卷（小学馆，1987年）

年　表

公元前 1 世纪	这一时期，倭人向西汉的乐浪郡朝贡。
公元 8 年	西汉灭亡，新朝建国。
25 年	东汉建国。
57 年	倭奴国向东汉朝贡，被授予金印。
107 年	倭国王帅升等向东汉进献生口。
146—189 年	这一时期，传闻倭国大乱。
184 年（中平元年）	刻有东汉年号"中平"铭文的大刀出土。
220 年	魏建国。
238 年（赤乌元年）	刻有吴国年号"赤乌元年"铭文的铜镜出土。
239 年（景初三年）	卑弥呼向魏国都城朝贡，被授予"亲魏倭王"的称号。刻有"景初三年"铭文的铜镜出土。
240 年（正始元年）	带方郡使者到倭国会见倭国王。刻有"景

初四年"和"正始元年"铭文的铜镜出土。

243 年（正始四年）	倭国向魏国朝贡。
244 年（赤乌七年）	刻有吴国年号"赤乌七年"铭文的铜镜出土。
245 年（正始六年）	魏国赐予倭国黄幢。
247 年（正始八年）	卑弥呼与狗奴国交战，请求魏国支援。魏国赐予其诏书和黄幢。
248 年	卑弥呼去世，其后壹与即位。
369 年（太和四年）	石上神宫保存有刻着"泰□（和）四年"铭文的七支刀。
391 年（永乐元年）	倭国打败百济和新罗，将其作为自己的臣民。
399 年（永乐九年）	倭国与百济联手，进攻到新罗国境附近。
400 年（永乐十年）	倭国攻入新罗，与高句丽交战战败。
404 年（永乐十四年）	倭国攻入带方，与高句丽交战战败。
413 年	倭国向东晋进献贡品。
421 年（永初二年）	倭讚向宋朝贡，被任命为"安东将军、倭国王"。
425 年（元嘉二年）	倭讚派遣司马曹达向宋朝贡。
430 年（元嘉七年）	倭国王向宋朝贡。
438 年（元嘉十五年）	珍被宋朝任命为"安东将军、倭国王"。

443 年（元嘉二十年）	济向宋朝贡，被任命为"安东将军、倭国王"。
451 年（元嘉二十八年）	济被册封为"安东大将军"。
460 年（大明四年）	倭国向宋朝贡。
462 年（大明六年）	兴被宋朝任命为安东将军、倭国王。
471 年	稻荷山古坟出土刻有"辛亥年"与"获加多支卤"铭文的铁剑。
477 年（昇明元年）	倭国向宋朝贡。
478 年（昇明二年）	武被宋任命为"安东大将军、倭王"。
503 年	隅田八幡神社保存有刻着"癸未年"铭文的铜镜。

---

507 年（继体元年）	继体天皇出越国，于樟叶宫即位。
511 年（继体五年）	迁都至山城的筒城。
512 年（继体六年）	将任那（伽耶）四县割让给百济。
513 年（继体七年）	百济进献五经博士。
516 年（继体十年）	百济替换五经博士。
518 年（继体十二年）	迁都至弟国。
522 年（继体十六年）	伽耶国王与新罗通婚。
526 年（继体二十年）	迁都至大和的磐余（别传记载为继体七年）。

527 年（继体二十一年）　　筑紫君磐井叛乱。

528 年（继体二十二年）　　物部麁鹿火斩杀磐井。磐井之子葛子进献
　　　　　　　　　　　　　　屯仓。

531 年（继体二十五年）　　继体天皇去世。

532 年　　　　　　　　　　《上宫圣德法王帝说》中为"钦明元年"。

534 年（安闲元年）　　　　围绕武藏国造之位发生争斗。

535 年（安闲二年）　　　　设置多个屯仓。

536 年（宣化元年）　　　　在筑紫的那津设立官家。

538 年（宣化三年）　　　　佛教公传（《上宫圣德法王帝说》中为"钦
　　　　　　　　　　　　　　明七年"）。

540 年（钦明元年）　　　　大伴金村因伽耶问题失势。

541 年（钦明二年）　　　　与百济协商伽耶复兴。

544 年（钦明五年）　　　　与百济协商伽耶复兴。

552 年（钦明十三年）　　　百济圣明王传播佛教（佛教公传）。产生
　　　　　　　　　　　　　　崇佛与排佛之争。

554 年（钦明十五年）　　　百济请求军事支援，派遣五经、医学、历
　　　　　　　　　　　　　　学博士。

555 年（钦明十六年）　　　在吉备设立白猪屯仓。

556 年（钦明十七年）　　　在吉备设立儿岛屯仓。

562 年（钦明二十三年）　　新罗灭伽耶诸国。

569 年（钦明三十年）　　　派遣白猪胆津到白猪屯仓。

571 年（钦明三十二年）　派遣使者到新罗，问灭伽耶的理由。

574 年（敏达三年）　派遣苏我马子到白猪屯仓。

575 年（敏达四年）　新罗进献"任那贡品"。

576 年（敏达五年）　册立额田部皇女为皇后（后来的推古女帝）。

577 年（敏达六年）　设立私部、日祀部。百济进献经论、造佛工、造寺工。

579 年（敏达八年）　新罗进献佛像。

584 年（敏达十三年）　苏我马子于石川的宅邸建造佛殿。

586 年（用明元年）　穴穗部皇子企图闯入殡宫。

587 年（用明二年）　苏我马子消灭物部守屋。

588 年（崇峻元年）　修建飞鸟寺。

591 年（崇峻四年）　为复兴伽耶，派遣两万余军队到筑紫。

592 年（崇峻五年）　苏我马子暗杀崇峻天皇。推古女帝即位。

593 年（推古元年）　厩户皇子（圣德太子）被册立为太子。

图书在版编目（CIP）数据

日本社会的诞生／（日）吉村武彦著；刘小珊，陈访泽译.—— 北京：新星出版社，2020.5

（岩波日本史；第一卷）

ISBN 978-7-5133-3881-3

Ⅰ.①日… Ⅱ.①吉… ②刘… ③陈… Ⅲ.①社会发展史–研究–日本 Ⅳ.① K313

中国版本图书馆 CIP 数据核字（2019）第 271558 号

岩波日本史（第一卷）

日本社会的诞生

[日] 吉村武彦 著；刘小珊 陈访泽 译

策划编辑：姜 淮		**责任编辑**：白华昭	
责任校对：刘 义		**营销编辑**：史玮婷	
版权经理：陈 雯		**版权支持**：一元和卷	
责任印制：李珊珊		**装帧设计**：冷暖儿	
内文排版：魏 丹			

出版发行：新星出版社

出 版 人：马汝军

社 址：北京市西城区车公庄大街丙3号楼　　100044

网 址：www.newstarpress.com

电 话：010-88310888

传 真：010-65270449

法律顾问：北京市岳成律师事务所

读者服务：010-88310811　　service@newstarpress.com

邮购地址：北京市西城区车公庄大街丙3号楼　　100044

印 刷：北京美图印务有限公司

开 本：787mm×1092mm　　1/32

印 张：6.5

字 数：100千字

版 次：2020年5月第一版　　2020年5月第一次印刷

书 号：ISBN 978-7-5133-3881-3

定 价：58.00元

NIHON NO REKISHI, 1: NIHON SHAKAI NO TANJO

by Takehiko Yoshimura

© 1999 by Takehiko Yoshimura

Originally published in 1999-2000 by Iwanami Shoten, Publishers, Tokyo.

This simplified Chinese edition published 2020

by New Star Press Co, Ltd., Beijing

by arrangement with Iwanami Shoten, Publishers, Tokyo

著作版权合同登记号：01—2020—0909